出題傾向

◆「国語」の出題割合と傾向

＜「国語」の出題割合＞

作文 約7%
文法ほか 約14%
長文読解 約30%
古文・漢文 約24%
漢字・語句 約25%

＜「国語」の出題傾向＞

- …・小説が中心。
- …句・故事成語など…。
- …は，現代語訳や解説文との融合問題が主流。
- 文法は，品詞の識別や意味・用法が主に出題される。
- 作文は条件作文が中心で，課題作文や短文作成は減少。

◆「長文読解」の出題傾向

- 会話文や資料の内容を的確に把握するような問題が増えてきている。
- 論説文では，傍線部の内容や指示語の指すものを説明させる問題，小説では，登場人物の心情に関する問題がよく出題される。

合格への対策

◆長文読解

試験を意識して，文章を速く読むようにしましょう。また，論説文における要旨の把握や小説における心情把握も十分に練習しましょう。

◆漢　字

漢字の読み書きは頻出のため，ふだんから漢字を使う習慣をつけましょう。

◆古文・漢文

動作主や主語・述語の関係について，しっかりおさえながら文章を読めるように練習しましょう。

◆文　法

品詞の識別やそれぞれの品詞の意味・用法はよく問われるため，品詞分類表や活用表をしっかり暗記しましょう。

◆作　文

日頃から社会問題に目を向けて周辺の知識を増やしておくとともに，条件に合わせて時間内に文章をまとめる練習をしましょう。

第1日

人物・場面をとらえよう

[　月　日]

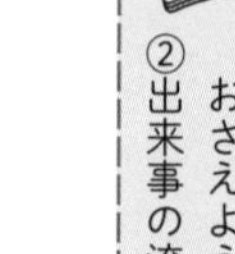

①「いつ」「どこで」「誰が」「どうした」かをとらえて場面をおさえよう。
②出来事の流れと登場人物の人物像をおさえよう。

解答→別冊1ページ

例題《小説》**次の文章を読んで、あとの問いに答えなさい。**〔北海道—改〕

小学校三年生のC心平(しんぺい)は、以前捕まえようとして逃げられた大きなD雨鱒(あめます)を捕るために、A学校が終わったあと、B一人で川へ行った。曇りで川の中も暗く、よく眼(め)をこらしても遠くまではみえにくい状況である。

心平はいつにも増して、入念に勢い止め*の中を探った。丸太の陰と大きな石のまわりは特に(2)慎重(しんちょう)に探った。そのたびに、心平は緊張し、期待に胸をときめかせた。しかし、ウグイやヤマメはいたが、雨鱒はいなかった。そうやって、丸太を組んだ升目(ますめ)のひとつひとつを水門の方から対岸の森の方へと移動した。ウグイやヤマメは放っておいた。いまはそんなものはほしくなかった。ウグイやヤマメを突いて音を立てるのがいやだった。音を立てて、雨鱒を刺激するのがいやだった。ウグイやヤマメは、その気になればいつだって捕ることができるのだ。

ふいに、大きな魚影が心平の眼を横切った。心平はすぐに雨鱒だとわかった。まだ勢い止めから離れずにいたのだ。

「いた!」心平は水面から顔をあげていった。いつもの儀式(ぎしき)だった。

心平はいそいで水中をのぞき込むと、みうしなってなるものかと眼を見開いて雨鱒のうしろ姿を追った。雨鱒は背中の白い斑点をゆらめかせて、大きな丸石の向こう側に消えると、すぐに一回りしてまた姿をみせた。雨鱒は、大きな石と石の間から身を乗り出すようにして静止すると、じっと心平をみた。ゆったりと呼吸していた。背ビレと胸ビレもゆったりと動かしていた。一点に静止するための動作だった。

ヤス*を突くには遠すぎたので、心平はそっと近づくことにした。

心平は身をかがめて近づいた。心平が近づいていても、雨鱒はじっと心平をみているだけで、逃げ

ポイント

● **場面の基本要素**

A　時(いつ)
・学校が終わったあと

B　場所(どこで)
・川

C　登場人物(誰が)
・心平

D　出来事(どうした)
・雨鱒を捕ろうとしている。

● **場面の展開**

小説は**起承転結**(導入→山場→結末)で構成されていることが多い。

● **登場人物の人物像**

出来事の流れや人物の状況を読み取り、人物像(性格や考え方など)をおさえる。

高校入試 10日でできる 国語長文【基本】

特長と使い方

◆1日4ページずつ取り組み，10日間で高校入試直前に弱点が克服でき，実戦力を強化できます。

例題 例題を解いて，基本の考え方を身につけましょう。

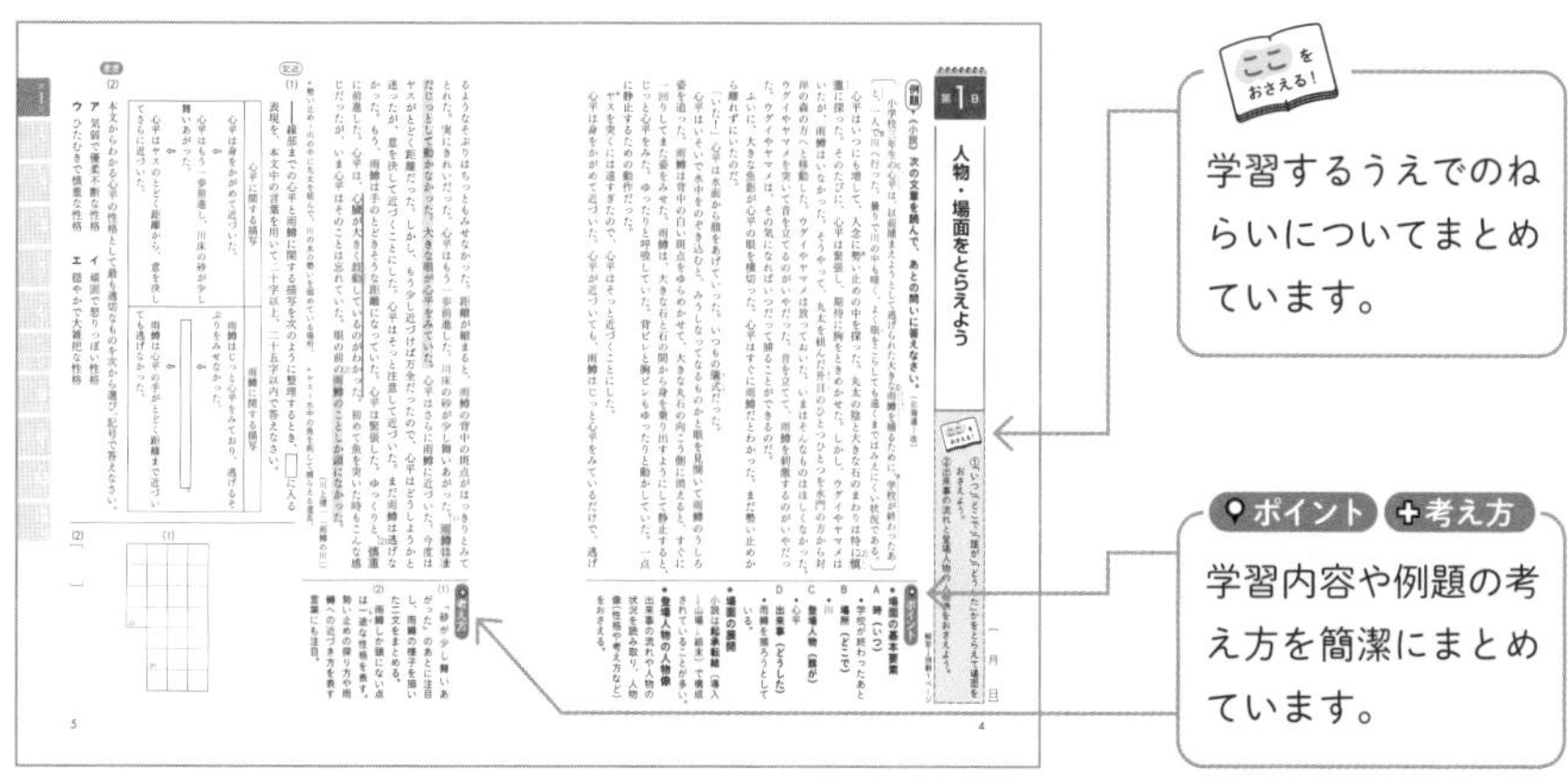

ここをおさえる！
学習するうえでのねらいについてまとめています。

ポイント　考え方
学習内容や例題の考え方を簡潔にまとめています。

入試実戦テスト 入試問題を解いて，実戦力を養いましょう。

重要
入試でよく出題される問題です。

記述
記述式の問題です。

◆巻末には「総仕上げテスト」として，総合的な問題や，思考力が必要な問題を取り上げたテストを設けています。10日間で身につけた力を試しましょう。

目次と学習記録表

◆学習日と入試実戦テストの得点を記録して，自分自身の弱点を見極めましょう。
◆1回だけでなく，復習のために2回取り組むことでより理解が深まります。

るようなそぶりはちっともみせなかった。距離が縮まると、雨鱒の背中の斑点がはっきりとみてとれた。実にきれいだった。心平はもう一歩前進した。川床の砂が少し舞いあがった。(1)雨鱒はまだじっとして動かなかった。大きな眼が心平をみていた。心平はさらに雨鱒に近づいた。今度はヤスがとどく距離だった。しかし、もう少し近づけば万全だったので、心平はどうしようかと迷ったが、意を決して近づくことにした。心平はそっと注意して近づいた。まだ雨鱒は逃げなかった。もう、雨鱒は手のとどきそうな距離になっていた。心平は緊張した。ゆっくりと、(2)慎重に前進した。心平は、心臓が大きく鼓動（こどう）しているのがわかった。初めて魚を突いた時もこんな感じだったが、いま心平はそのことは忘れていた。眼の前の(2)雨鱒のことしか頭になかった。

（川上健一「雨鱒の川」）

＊勢い止め＝川の中に丸太を組んで、川の水の勢いを弱めている場所。　＊ヤス＝水中の魚を刺して捕らえる道具。

記述

(1) ――線部までの心平と雨鱒に関する描写を次のように整理するとき、□に入る表現を、本文中の言葉を用いて二十字以上、二十五字以内で答えなさい。

心平に関する描写	雨鱒に関する描写
心平は身をかがめて近づいた。 ⇩ 心平はもう一歩前進し、川床の砂が少し舞いあがった。 ⇩ 心平はヤスのとどく距離から、意を決してさらに近づいた。	雨鱒はじっと心平をみており、逃げるそぶりをみせなかった。 ⇩ □。 ⇩ 雨鱒は心平の手がとどく距離まで近づいても逃げなかった。

重要

(2) 本文からわかる心平の性格として最も適切なものを次から選び、記号で答えなさい。

ア 気弱で優柔不断な性格　　イ 頑固で怒りっぽい性格

ウ ひたむきで慎重な性格　　エ 穏やかで大雑把な性格

考え方

(1) 「砂が少し舞いあがった」のあとに注目し、雨鱒の様子を描いた二文をまとめる。

(2) 雨鱒しか頭にない点は一途（いちず）な性格を表す。勢い止めの探り方や雨鱒への近づき方を表す言葉にも注目。

(1) （解答欄）

(2) 〔　　〕

第1日

入試実戦テスト

時間 30分
合格 80点

得点 ／100

解答→別冊1ページ

〔　月　日〕

1 **次の文章を読んで、あとの問いに答えなさい。**〔奈良―改〕

父はミミズをひきちぎり、自分の釣り鉤に刺した。それでもまだ動くミミズの体に私はひるんだが、妹はむんずと缶のなかのミミズをつかみ、父を真似ようとする。けれど、子どもの力ではミミズをうまくひきちぎれない。結局、父が妹と私の釣り鉤にミミズをつけた。妹は不満そうだったが、私は心底からホッとした。

私たち三人は並んで橋に立ち、川面に糸を垂らした。糸を引っぱられたら竿を上げろ、と父は言ったが、水の流れはときに魚に擬態して、くいくいと糸を引っぱる。てっきり食いついたとばかり思って私は竿を上げるのだが、鉤についたミミズに変化はない。歌子はせっかちだなと笑う父の隣で、妹は眼光鋭く川面をにらんでいた。

妹は短い釣り竿を自在に操り、三十分ほどで五匹も魚を釣りあげた。父は三匹、私は一匹で、いずれも大人の中指ほどの細長い魚だ。なんという名の魚だったのか、たいがいの村のひとは、川に棲むフナ、鮎、メダカ、ウナギ以外は、すべておおざっぱに「魚」としか呼ばなかった。父もご多分に漏れず、*ようけ魚が釣れたのう、と言った。特に舞子は漁師になれるで、と褒められて妹はうれしそうだった。

〈中略〉

九匹の小魚が入ったバケツは父がぶらさげ、妹と私はそのあとについて、家に戻った。母と祖父母が釣果を喜び、夕飯のおかずにするため、母と祖母はさっそく台所に立って、小魚に天ぷらの衣をつけた。

私は衝撃を受けた。釣った魚を食べるとは思っていなかったのだ。包丁の腹で頭を叩かれ、気絶だか絶命だかした魚は、おとなしく衣をまぶされ、熱した油に投じられてあっというまに天ぷらになった。祖父母と父に二尾ずつ、母と妹と私が一尾ずつ。小皿に載って座卓へと登場した魚をまえに、食べたくないと私はべそをかいた。

「ふだんも魚の天ぷらを食べとるやろ。あれと同じじゃ。」

「おいしいよって食べなさい。*はよせんと冷めるで。」

両親が口々に言い、

「あれあれ、歌ちゃんは魚を飼うつもりやったんかな。かわいそうなことしたな。」

と、私をかわいがっていた祖母が慰めてくれた。①そのあいだに妹は天ぷらを頭からばりばりたいらげており、私はいっそう悲しくなった。最終的には祖父の、

「釣った魚を、食いもせんで*ほかしたらバチが当たる。かわい

そうでもありがたく食うのが、せめてもの供養ちゅうもんや。」という一言で、私は目をつぶって天ぷらを食べた。清流で育った小さな魚は、驚くほどおいしかった。細長いのに身はふくふくとして、ほんのりと甘かった。おじいちゃんたちはもう一匹食べられていいなと、あのとき私はたしかに思い、そんなふうに思う自分がうしろめたく、なんだかおかしくもあった。

いまなら、②「現金な」という形容がふさわしいとわかる。泣き笑いして食べた小魚ほどおいしい天ぷらには、その後もついぞ出会わず、私はなんとなく魚をまえにすると腰が引けるというか身が引き締まる気持ちになる。見開いたまんまるな目が、「かわいそう。」と思ったくせにおいしく食べた私を見透かしている気がするからかもしれない。

（三浦しをん「魚の記憶」）

＊ようけ＝たくさん。　＊はよせんと＝早くしないと。
＊ほかしたら＝捨てたら。

重要

(1)【場面の把握】――線部①で、「私」をいっそう悲しくさせたのはどのようなことか。最も適切なものを次から選び、記号で答えなさい。（30点）　［　　］

ア　魚の天ぷらを食べずに捨てるとバチが当たってしまうということ。

イ　食べようと思っていた魚の天ぷらを妹に食べられてしまったこと。

ウ　妹よりも食べ物の好き嫌いが激しい自分の幼さに気づいたこと。

エ　魚に対して自分が抱いたような思いが妹にはないと感じたこと。

記述

(2)【内容把握】――線部②は、具体的にどのようなことを指すか。それを説明した次の文の□に入る言葉を、三十字以内で答えなさい。（40点）

釣った魚を食べるのはかわいそうだと思っていたのに、□とすら思ったこと。

重要

(3)【人物像の把握】本文からうかがえる妹の性格として最も適切なものを次から選び、記号で答えなさい。（30点）　［　　］

ア　勝ち気で物おじしない性格

イ　穏やかで落ち着いた性格

ウ　感受性が豊かで繊細な性格

エ　思いやり深く優しい性格

第2日

話題をつかもう

● 繰り返し登場するキーワードをチェックしよう。

〔　月　日〕

解答→別冊2ページ

例題《論説文》**次の文章を読んで、あとの問いに答えなさい。**〔大阪―改〕

趣味は何かと聞かれたときに、B読書をその一つにあげる人の数は、一体どのくらいあろうか。小学校から大学まで宿題や試験になやまされることの少なかった時代に、少年期、青年期をすごした私――家じゅうがさまざまな種類の書物で一杯になっており、しかもその大部分が大人向きの書物というやや異常な環境の中にあった私にとっては、C読書は趣味的であるよりも、むしろ条件反射的行為に近かった。それは食事をしたり、お菓子を食べたり、果物を食べたりすることと類似した、C日常的習慣になってしまっていた。

その頃から今日までの間に、時代はすっかり変わった。私のおかれている環境も違ってしまった。C読書よりも、テレビを見ることの方が条件反射的行為に近くなってきた。そうなってきたのも別に不思議ではない。テレビの画面の中で動いている人たちの姿を目で見ながら、彼らの発する声を耳で聞くという行為にくらべれば、(1)紙の上に蟻(あり)の行列のように長々と続く文字を順々に目で追うてゆくという行為は、もともと不自然であり、奇妙でさえもある。

ところが、よく考えてみると、事態はもっと奇妙である。言葉をつくりだし、文字をつくりだすことによって、思想が芽をふき、成長することができた。思想と手わざとが協力することによって、科学へと発展した。そこから生まれたものが、映画であり、ラジオであり、テレビであった。私たちは、それらを享受するのに、本を読むときほどに頭を使う必要がなくなった。しばらくの間、あたえられたものを素直に受けいれておればよい。すんでしまってから後、私たちの頭の中に沈着するものも少ない。それはそれでよいとしても、困るのは私たちが落ちついてものを考える機会や習慣がへらされることである。(2)科学文明が進んだ結果として、それを生みだし

ポイント

● **話題のとらえ方**

A **題名に示される。**（間接的・比喩的な題もある）

・「本の中の世界」→「本」に関係のある話。

B **繰り返し出てくる言葉に示される。**

・「読書」→読書に関する文章。

C **事実を述べた段落の要点に示される。**

・「かつて読書は日常的習慣だった」

・「今日、読書よりもテレビを見る時間が多くなった」

た頭脳の創造的活動の源泉の一つがかえって＊枯渇（こかつ）しそうになってきたのである。

X 読書以外にも、頭脳の創造的活動を活発にする仕方はいろいろある。特に自然科学系統では、実験をしながら、計算をしながら考えるという仕方が大きな比重をしめている。もっと一般的にいっても、書物や専門雑誌を読むよりも、他の学者たちとの会話、討論などを通じて、思考活動を活発にする場合の方が、近頃ますます多くなってきた。

よかれあしかれ、読書の比重は Y なってゆく運命にあるのかもしれない。しかし、そうなればなるほど、(4)読書の楽しみは、ますます珍重すべきものになる。本を読んでいるうちに、本のつくりだす世界に没入してしまえたら、それは大きな喜びである。本を読んでいるうちに、いつのまにか本をはなれて、自分なりの空想を勝手に発展させることができたら、これまた大いに楽しいことである。

（湯川秀樹（ゆかわひでき）「本の中の世界」）

＊枯渇＝尽き果てて、なくなること。

(1) 本文中には、本を読むという行為の具体的な様子が比喩を含んだ表現で述べられている部分がある。その部分を三十字で抜き出し、はじめの五字を答えなさい。

重要

(2) ――線部とあるが、筆者がここで「もっと奇妙である」と述べている事態とはどのようなことか。その内容をまとめたものとして最も適切な一文を本文中から抜き出し、はじめの五字を答えなさい。

(3) X に入る言葉として最も適切なものを次から選び、記号で答えなさい。

ア だから　イ つまり　ウ もちろん　エ あるいは

(4) Y に入る言葉として最も適切なものを次から選び、記号で答えなさい。

ア 大きく　イ 小さく　ウ 重く　エ 弱く

(1) □□□□□

(2) □□□□□

(3) [　　]

(4) [　　]

考え方

(1) 読書という行為は、第一、二段落に書かれている。「〜ように」という比喩表現に注意。

(2) 「奇妙」なこととは科学が生んだテレビなどによって、頭脳の創造的活動が枯渇しそうなこと。

(4) 読書に費やす時間が減っていくこと。

第2日 入試実戦テスト

時間 30分　合格 80点　得点　／100

〔　月　日〕

解答→別冊2ページ

1 次の文章を読んで、あとの問いに答えなさい。〔静岡—改〕

一体、人間にとって笑いとは何なのだろうか？　生きる上で、笑うということはどのような意味を持っているのだろうか？　笑っている時に、人間の脳の中では何が起きているのか？　そのような問題に、ずっと関心を抱いてきたのである。

笑いとは、決して気楽なものではない。時にそれは、生きるということの切なさ、難しさと結びついている。恐怖や不安が笑いの背景にあることも多い。イギリスのコメディでは、社会に対する風刺が笑いの原動力になっている。

その一方で、笑いのプロフェッショナルたちは、単なる批判では笑いにならないことも知っている。あくまでも、目的が「笑う」ことだとすれば、その大目標を達成するためには、絶妙なバランスと、繊細な文脈の設定が必要となるのだ。

笑いのためには、時には身を捨てることも必要である。自分の欠点、ダメなところを客観的に見ることができるか。そのような「*メタ認知」の能力が、笑いには欠かせない。

ある人が、自分の欠点を懸命に隠そうとすると、周囲の人たちはかえってそのことが気になって仕方がなくなるのである。自分の一番痛いポイントを、人前でユーモアをもって話すことができる人は、それだけ自分自身から解放されている。

「ある人の価値は、何よりも、自分自身からどれくらい解放されているかということで決まる。」

*相対性理論を創（つく）った天才物理学者、アルベルト・アインシュタインはそのように言った。そのアインシュタインは、生涯にわたってユーモアのセンスを忘れなかった人だった。そのことと、アインシュタインが相対性理論という革命を成し遂げたことは関係しているかもしれない。

自分自身をメタ認知して、苦しいことを笑いに転化することができれば、それだけ生きる上での前向きのエネルギーを得ることができる。また、自分の欠点をしっかりと見据えることで、その改善を図ることができる。欠点を隠して、うやむやにしてしまったり、実際以上に自分を大きく見せようとしたりするよりは、はるかに素晴らしい人生を送ることができる。

「笑い」は、人生の階段を上るための支点である。生きる以上、どんな人にも苦難は訪れる。しかし、笑いがあれば、逃れようがないように見える泥沼からも、すっと身体を浮かび上がらせることができる。笑いは、人と人とのコミュニケーションを円滑にする。ざらざらとした非難の代わりに、愛のあるツッコミ*をやりとりすることができる。笑いがあれば、経済や社会の状況がどんなに悪くなっても、なおも前向きの気持ちを忘れずに、日々を生きることができる。

（茂木健一郎「笑う脳」）

＊メタ認知＝ここでは、自分の思考や行動を客観的にとらえて理解すること。
＊相対性理論＝物理学の基礎理論。
＊ツッコミ＝相手の言動のおかしさなどを、漫才のように指摘すること。

重要
(1)【表現吟味】第四段落で筆者の主張に説得力を持たせるために、主張とは対照的な事例をあげている一文を本文中から抜き出し、はじめの四字を答えなさい。（20点）

□□□□

(2)【内容把握】――線部のように筆者が述べているのは、笑いによって何を得られるからか。それを説明した次の文の a ・ b に入る言葉を、本文中から抜き出しなさい。ただし、aは三字、bは九字で抜き出すこと。（20点×2）

自分を a に見て、苦しいことを笑いに転化することによって得られる、 b 。

a □□□
b □□□□□□□□□

重要
(3)【内容理解】本文で筆者が述べている笑いについての考えが具体的に表れている状況として適切でないものを次から選び、記号で答えなさい。（40点）［　］

ア クラス替えがあり、新しい友達ができるか心配だったが、自己紹介のときに、朝うっかり前のクラスに入った笑い話を交えたら、初対面の人とも仲良くなれた。

イ 合唱大会まであと三日しかないと焦っていたが、「俺らの優勝まであと三日しかないってこと？」と大声で言うと笑いがおこり、その後、集中して練習ができた。

ウ 部室が汚れていて不快だったが、他の部員と半日がかりで清掃するときれいになり、うれしくなって笑いがこみあげ、思わず歌を口ずさんでいた。

第3日

心情をとらえよう ①

● 人物のおかれた状況を考え、心情を読み取ろう。

〔　月　日〕

解答→別冊3ページ

例題《小説》**次の文章を読んで、あとの問いに答えなさい。**〔長崎〕

〔第二次世界大戦中の夏、ひさしは父親の知人の葬儀に、父親とともに参列した。帰りの列車の中、窓は板でふさがれ、通路は荷物でいっぱいであった。〕

ひさしは、眠っているらしい人達（たち）に気を遣って声を立てず、指で父親の膝をつついた。驚いて目を開いた父親に、ひさしは片頰を片手で押（おさ）えて、［　　］をしてみせた。

「歯か？」

と即座に父親は反応した。(1)眉の間に皺（しわ）を寄せたままひさしはうなずいた。

B父親は、困った、という表情になったが、困った、とは言わなかった。その表情を見た途端、ひさしは、

「何か挟まっているみたいだけど、B大丈夫、取れそうだから」

と言ってしまった。①取れそうな気配もなかった。

今度はひさしのほうが目を閉じた。あと一時間半の辛抱だ。そう自分に言いきかせて、自分の手をきつく抓（つね）った。

いっときして目を開くと、B父親が思案顔で見詰めている。

「まだ痛むか？」

ひさしは、息を詰めたくなるような痛さにいっそう汗ばんでいたが、

「少しだけ」

と答えた。

すると父親は、手にしていた扇子を開きかけ、いきなり縦に引き裂いた。そして、その薄い骨*

ポイント

● **心情のとらえ方**

A **心情が直接述べられている部分**

B **人物の言動・様子・会話文**

〈父親〉
● 「父親は、困った、という表情になった」→困惑
● 「父親が思案顔で見詰めている」
↓息子を心配している。

〈ひさし〉
● 「大丈夫、取れそうだから」
↓父親を安心させようとしている。

C **情景描写**

の一本を折り取ると、②呆気にとられているひさしの前で、更に縦に細く裂き、

「少し大きいが、これを楊枝の代わりにして」

と言って差し出した。

ひさしは、頭から冷水を浴びせられたようだった。その扇子は、亡くなった祖父譲りのもので、(3)父親がいつも持ち歩いているのを知っていたし、扇面には、薄墨で蘭が描かれていた。その(3)蘭を、いいと思わないかと言ってわざわざ父親に見せられたこともある。

ひさしは、

「蘭が……」

と言ったきり、あとが続かなくなった。

（竹西寛子「蘭」）

＊骨＝紙や布を貼るときに芯とする細長い竹や木。

(1) □に入る言葉として最も適切なものを次から選び、記号で答えなさい。

ア しかめっ面　**イ** すずしい顔　**ウ** 何食わぬ顔　**エ** ふくれっ面

記述 (2) ――線部①とあるが、痛みを訴えなかったのはどういう気持ちからか。本文中の言葉を用いて、二十五字以内で答えなさい。

重要 (3) ――線部②とあるが、このときのひさしの気持ちを説明した次の文の a ・ b に入る言葉を、本文中から抜き出しなさい。ただし、aは十字以内、bは二十五字以内で抜き出し、はじめと終わりの三字を答えること。

その扇子が父親にとって大切なものであることは、父親が a ことや、扇面に描かれている蘭の絵をひさしが、 b ことからも明らかであり、それをいきなり父親が引き裂いたので、驚いている。

考え方

(1) 歯痛をこらえている顔である。

(2) ひさしが父親の困った表情を見て、「大丈夫」と答えていることに気づく。

(3) 扇子についてくわしく述べられた部分に注目する。

(1) [　　]

(2)

(3) a 〜　b 〜

第3日

入試実戦テスト

時間 30分
合格 80点
得点 ／100

［　月　日］

解答→別冊3ページ

1 **次の文章は、自分のミスが原因で野球の試合に負けてしまい落ち込んでいる小学校四年生の茂之が、同じ団地に住む明也に会う場面を描いている。これを読んで、あとの問いに答えなさい。**（兵庫―改）

「お醤油が切れちゃったら、お料理ができないのよ。ね、行ってきて」

どうしてぼくなのさ。隣の四畳半で勉強机に向かっている俊兄ちゃんの横顔にうらめしさを込めた視線を流す。でも、俊兄ちゃんは気がつかない。気がつかない振りをしているだけなのかもしれないが。

手にした五百円札を見て、思った。どうせぼくは俊兄ちゃんみたいには勉強ができない。体も貧弱だ。運動神経も悪いから、簡単なゴロでもトンネルするし、フライだって捕れない。「へたくそ！」だ。顔も負けている。だから母さんは、ぼくを指名したのだ。

①テレビのスイッチを音を立てて切って、ものもいわずに家を飛び出した。辺りには夕やみが垂れ込めてきている。

みじめな気持ちを引きずって表に出たら、音がきこえた。だれかが野球のボールを、コンクリートの壁に力を込めてたたきつけている音だ。一号棟のほうからだった。ぼくは足を止めて、耳をすましました。

また、音がした。ポンプ小屋のほうだ。一号棟の一階の端にある、管理人さんの住んでいる部屋の近く。そこにはちょっとした広場と、下水道のポンプ施設を収めた四角いコンクリートの小屋があった。こんな時間に、だれだろう？

ぼくは近づいていった。

薄暗い広場に、明也が立っていた。グローブ片手に、ずっと離れた位置にあるポンプ小屋の壁をにらんでいる。

ふと、こちらの気配を察して首を回す。

「おう、茂之」

明也はぼくの姿を認めると、投球の構えを解いて、名前を呼んだ。ぼくは近づいていって、きいた。

「一人で投げてるの？」

「うん、あそこにストライクゾーン、あるだろ。当たると、音がちょっと変わるんだ」

見ると、ポンプ小屋の灰色の壁に、三十センチ四方くらいの赤い四角が書いてある。レンガの破片を使って書いたのだろう。わきにバッターが立てば、腰の辺りの高さになる位置はストライクゾーンだ。

「秘密練習かよ」

ぼくがいうと、明也は②肩をすくめた。

「コントロールつけるには、これしかないからな」

「ぜんぜん知らなかった」

「秘密練習だから」笑った。

ぼくも笑った。笑いながらびっくりした。そういえば明也は、ここのところマウンドに立つ度に、タマの切れとコントロールがよくなってきている。そうか、秘密練習の成果だったのか。

乾物屋*さんへ向かう背中に、明也の秘密練習の音が追いかけてきた。③ぼくもやらなくちゃ、と思った。


（たからしげる「ラッキーパールズ」）

＊乾物屋＝乾燥・加工した食料品などを売る商店。

重要

(1) 【心情把握】――線部①の行動をとった茂之の気持ちを説明したものとして最も適切なものを次から選び、記号で答えなさい。（20点）　［　　］

ア いやなことは忘れてしまおうと気持ちを切り替えた。

イ ものにあたることで自分の心の内を表そうとした。

ウ 兄を頼る自分の弱さを断ち切ろうとした。

(2) 【心情把握】――線部②のような態度をとった明也の心情を説明した次の文の[a]・[b]に入る言葉を答えなさい。ただし、aは自分で考えた六字以内の言葉を書き、bはあとから選び、記号で答えること。（20点×2）

「秘密練習」という茂之の表現が[a]ことに、明也は[b]を感じている。

ア 誇らしさ　**イ** 腹立たしさ

ウ 心地よさ　**エ** 照れくささ

a ［　　　　　　］（6マス）

b ［　　］

記述

(3) 【理由説明】――線部③のように茂之が思った理由を説明した次の文の[a]・[b]に入る言葉を答えなさい。ただし、aは文中から七字の言葉を抜き出し、bは十字以上十五字以内の言葉を考えて書くこと。（20点×2）

自分の[a]を振り払うためには、明也のように[b]から。

a ［　　　　　　　］（7マス）

b ［　　　　　　　　　　　　　　　］（15マス）

第4日

心情をとらえよう ②

〔　　月　　日〕

ここをおさえる!

①場面ごとの心情を読み取り、変化をとらえよう。
②会話文に注目して、心情の変化のきっかけをつかもう。

解答→別冊4ページ

例題 **《小説》次の文章を読んで、あとの問いに答えなさい。**〔島根―改〕

〔中学二年生の嘉穂(かほ)と弟の穂高(ほだか)は事情で両親と離れ、博美(ひろみ)おばちゃんや祖父母と生活している。ある日、友人のひとみのピアノレッスンについて行った嘉穂は、ピアノ教師で声楽家でもある後藤先生に勧められ歌ってみた。気持ちよく歌えた嘉穂は歌を習いたくなったが家の人に言い出せない。ある日、嘉穂が犬の散歩に出ると博美おばちゃんがついてきた。〕

嘉穂には(2)a遠慮がある。おばちゃんは嘉穂や穂高を育てるために結婚もできないでいる、と嘉穂は思っている。だから、なるたけ迷惑をかけないように、知られないように、努力している。

おばちゃんがススキの穂をちぎった。

「(1)心配してんだよ。これでもさ。嘉穂がこのごろ、硬い殻で覆われちゃったみたいでさ。なんて声をかけたらいいのかわかんなくなっちゃった。前はそんなことなかったのにな」

ここはなんとかふざけるしかない。嘉穂は頭の中でとぼしいジョークをさがしはじめた。

①「あたしね、人工衛星になったみたいな気分になってるの。嘉穂のまわりをぐるぐると。なんか言うと素直な言葉とはうらはらに、むっとした顔をするし、(1)手伝おうとすると、いらないって言ってはねのけられる。目だけは離さないでいようと思って、ぐるぐると嘉穂の周りを回ってる……」

(まずい。とにかく、これはまずい)

「は、反抗期ですから」

声が粘ってしまった。

おばちゃんがススキの穂で頭を叩(たた)いた。

「大きくなっちゃったんだね。頭たたくのに、腕をのばさなくちゃいけなくなっちゃったなんてさ」

おばちゃんが目を細めて嘉穂を見た。

ポイント

●心情の変化のとらえ方

場面ごとの心情をおさえ、変化のきっかけに着目し、前後を比べて変わり方をつかむ。

●心情の変化のきっかけ

心情の変化のきっかけとなるものには次のようなものがある。

A　主人公の体験。
B　主人公自身の気づき。
C　他の登場人物の影響。
・博美おばちゃん

「これだけは言っておくよ。歌、やりたくないんならやれとは言わないけど、やりたかったら是非是非やってほしい。なんにも気にすることなんかないんだよ」

「うん」

「迷ったらやってみる。これ、若さの特権。まだ、あたしにも通用するかなぁ」

嘉穂は笑いだした。おばちゃんらしく、前向きだ。

「迷ってんの？」

首をかしげた。

「じゃ、決まり。やってみなよ。後藤先生だっけ、あたしから連絡とってみるから。ひとみママから聞いてるから」

ひとみママはどこまでもおせっかいだ。その後ろにはひとみがいる。似たもの同士の母と娘だ。

（ひとみに余計なこと言わないでよって、文句いわなくちゃ）

でも、おかげで(2)b歌が習える。これはちょっとした出来事だ。おさえつけていた柔らかいボールにおしかえされるように、②心が歌にむかっていく。


（にしがきようこ「ピアチェーレ　風の歌声」）

重要
(1) ——線部①は、博美おばちゃんのどのような心情を表しているか。それを説明した次の文の□に入る言葉を、十字以内で答えなさい。
嘉穂に近づけないことを寂しく感じながらも、□と思う心情。

記述
(2) ——線部②のときの嘉穂の気持ちを次のようにまとめるとき、a・bに入る言葉を、aは本文中から二字で抜き出し、bは十字以上十五字以内で答えなさい。
今までおばちゃんにaして隠してきた歌への思いを、bという気持ち。

(1)

(2) a

b

考え方
(1) 同じ会話文の中で、おばちゃんが——線部①の表現の意味を説明していることに注目する。また、三行前の会話文で「心配」とあることもふまえる。
(2) おばちゃんと話す前とあとの場面での嘉穂の心情描写を比べ、どんな気持ちからどんな気持ちに変わったのかをおさえる。

第4日

入試実戦テスト

時間 30分
合格 80点

得点
／100

［　月　日］

解答→別冊4ページ

1 **次の文章を読んで、あとの問いに答えなさい。**（佐賀―改）

〔南小学校五年生の少年（トシユキ）は、転校した親友の三上くんと手紙で夏休みに会う約束をし、三上くんの家を訪れた。約束を忘れていた三上くんだったが、転校先の友だちと行うソフトボールの試合に少年を誘った。〕

知らない友だちに囲まれている三上くんは、とても［　　　］。「こいつ、トシユキっていって、俺の前の学校の友だち」――少年を紹介すると、友だちは、同じ名前の子を思いだしたのだろう、みんなで顔を見合わせて笑った。この学校でのトシユキは、どうやらクラスでみそっかす*扱いされているようだ。でも、トシユキがどんな子なのか、誰も教えてくれない。みんなは少年を放っておいて、少年の知らない話ばかりして、笑ったり小突き合ったりしている。

「あ、それで……」

三上くんは少年を振り向き、気まずそうに言った。

「いま、俺ら九人いるから……トシ、ピンチヒッターでいい？　途中で、絶対に出番つくってやるから」

①泣きたくなった。来るんじゃなかった、と思った。

「……やっぱり、帰るから」

少年は言った。校門前のバス停から駅行きのバスが出ているのは、さっき確かめておいた。

「ええーっ？　なんで？」と驚く三上くんに「バイバイ」と言って、最後にがんばって笑って、ダッシュで校門に向かった。

三上くんは追いかけてこなかった。

次のバスは五分後だった。ベンチに座って、ぼんやりと足元を見つめていると、グラウンドのほうから歓声が聞こえてきて、また目に涙がにじみそうになった。

〈中略〉

そろそろだな、と膝（ひざ）に載せていたリュックサックを背負って立ち上がったら、「トシ！」と校門から三上くんが駆けてきた。

「悪い悪い、ごめんなあ……ほんと、ごめん。守備のときは抜けられないから」

一回表の五組の攻撃が終わると、全力疾走してきたのだという。少しでも時間がとれるよう、ふだんは三番の打順も九番に下げてもらった。

「トシのこと忘れてたわけじゃないんだけど、やっぱり、こっちもこっちでいろいろあるから」

「……わかってるから、いいって」

「バスが来るまで一緒にいるから」

「いいよ、そんなの悪いから」

「でも……せっかく来てくれたんだし」

三上くんはグローブを二つ持ってきていた。ボールもあった。

②「ちょっとだけでも、キャッチボールしよう」と笑って、自分が使っていたグローブを少年に差し出した。

少年が黙って受け取ると、三上くんは照れくさそうに笑った。少年も目を伏せて笑い返す。

小走りに距離をとった三上くんが、山なりのボールを放った。それを軽くキャッチしたときに、気づいた。

〈南小4年1組フォーエバー!〉

グローブの甲に、サインペンで書いてあった。転校したての頃に書いたのだろう、黒い文字は薄れかかっていた。

へへっ、と少年は笑う。うれしいのか悲しいのかよくわからなかったが、自然と笑みが浮かんだ。

「なに?」とけげんそうに訊(き)く三上くんにはなにも答えず、ボールを投げ返した。

(重松清(しげまつきよし)「南小、フォーエバー」)

*みそっかす=仲間として対等に扱ってもらえない存在。

(1) 【心情把握】□に入る言葉として最も適切なものを次から選び、記号で答えなさい。(10点) [　　]

ア 楽しそうだった　　イ 不安そうだった

ウ 退屈そうだった　　エ 悲しそうだった

重要

(2) 【心情把握】——線部①の時の「少年」の心情を説明したものとして最も適切なものを次から選び、記号で答えなさい。(30点) [　　]

ア 三上くんの友だちに笑われたことでつらく感じているのに、ピンチヒッターを自分に押しつけようとする三上くんのわがままな態度に怒りを感じている。

イ 三上くんの誘いで試合に来たのに、仲間と楽しそうな様子の三上くんに対して自分は孤立し、三上くんにもぞんざいに扱われ、みじめな思いになっている。

ウ 転校先の友だちにからかわれている自分を三上くんがかばってくれたことに感謝しつつも、無理矢理に試合に連れてこられたことを恨めしく思っている。

エ 三上くんが親しい友だちに自分を紹介する時に、自分をおとしめるような話ばかりして、仲間の輪から外そうとする意図を敏感に察し、嘆き悲しんでいる。

記述

(3) 【心情把握】——線部②で、三上くんがキャッチボールをしようと思ったのはなぜか。その理由を三十五字以内で答えなさい。(60点)

第5日

指示語・接続語の働きを知ろう

●指示語の指す内容は、指示語にあてはめて意味が通るか確かめよう。

［　月　日］

解答→別冊5ページ

例題《説明文》**次の文章を読んで、あとの問いに答えなさい。**〔茨城〕

甘い香りは、昆虫たちを誘う。「旅路の果てまでついてくる」と歌われるクチナシの花の香りは、その代表的なものである。キンモクセイも、印象深い秋の香りを発散させる。ゲッカビジンも、甘い芳香を真夜中に漂わせる。

［ a ］、これらの花々でも、(1)つぼみのときには、香りがない。つぼみには、青臭い青葉の香りがするものが多い。つぼみが開きはじめると、一気に、心地よい花の香りが発散してくる。なぜ短時間に、急に、香りが漂いはじめるのだろう。

まず思い浮かぶのは、「つぼみのときに、すでに香りがある」可能性である。「花びらが閉じているので、香りも閉じこめられた状態となり、外へ出てこないのではないだろうか」と考えられる。もしそうなら、つぼみの花びらをほどいていけば、中から香りが漂ってくるはずである。しかし、(4)どんなにていねいにつぼみを開いても、香りは出てこない。

「閉じたつぼみの中に香りがないのなら、つぼみが開くにつれてつくられてくる」可能性が考えられる。しかし、香りの成分は、何段階もの反応でつくられる複雑な構造の物質が多く、そんなに短時間でつくれるようなものではない。

ほんとうは、香りになる直前の物質がつぼみにつくられているのである。ところが、これは発散しないように、余分な構造物がくっついている。香りとして発散しないように重りがついている状態を想像すればよい。香りとなるには、余分な構造物がとれればよい。(2)つぼみが開くにつれて、重りが切り離され、香りは発散し漂っていく。

［ b ］「開きつつある花は、重りを切るものをもっているのか」という疑問が思い浮かぶ。その通りである。ジャスミンの一種やクチナシのつぼみをつぶした液に、開いた花から香りを除いた液を混ぜれ

ポイント

● **指示語の働き**

本文中に一度出てきた事柄について、同じ表現を繰り返さずに、その内容を指し示す。

● **指示内容の探し方**

① 直前の部分から探すのが原則。

② とらえた内容を指示語にあてはめ、一文の意味が通るか確認する。

● **接続語の働きと種類**

A 順接 例だから
B 逆接 例しかし
C 並列・累加 例また
D 説明・補足 例つまり
E 対比・選択 例それとも
F 転換 例ところで

ば、香りが発散する。つぼみには香りになる直前の物質、開きつつある花にはそれを香りとして発散させる物質が存在しているのだ。①

風や昆虫などを利用するための、このようなさまざまな工夫やしくみが生かされるためには、同じ種類の花は同じ時期に開いていなければならない。花粉を風で飛ばしても虫に運ばせても、同じ時期に、それを受け取る仲間の花が開いていないことを想像すれば、②この意義はよくわかる。さまざまの工夫やしくみが、まったく無駄になるだろう。

そのために、同じ植物種は、同じ季節に花を咲かせ、種子をつくりやすくする。同じことが、時刻についても言える。それぞれの株が、バラバラの時刻につぼみを開かず、決まった時刻に打ち合わせたようにいっせいに開花する理由は、種子をつくりやすくすることである。

（田中修（たなかおさむ）「つぼみたちの生涯」）

考え方

(1) aはあとの「つぼみのときには、香りがない」から逆接。bは順接。

(2) すぐ前の段落の、つぼみが開き、香りを出すしくみの説明に着目する。

(3) 直前ではなく、文章の流れから一つ前の文の内容を指している。

重要

(1) a・bに入る言葉の組み合わせとして最も適切なものを次から選び、記号で答えなさい。

ア aところが　bなぜなら　**イ** aまるで　bすなわち

ウ aしかも　bつまり　**エ** aしかし　bそれなら

(2) ——線部①を比喩を使って言い換えている部分を本文中から抜き出しなさい。

(3) ——線部②とは、どのようなことの意義か。「□ということの意義」という形になるように、□に入る言葉を本文中から二十五字以内で抜き出しなさい。

(4) 本文の内容と合っているものを次から選び、記号で答えなさい。

ア 植物は皆春になると、同じ時刻に花を咲かせ甘い香りを漂わせて種子をつくる。

イ つぼみの中には、香りが閉じこめられてはいないことが確かめられている。

ウ つぼみが開くと余分な構造物がとれ、何段階も反応し香りの成分がつくられる。

エ 植物が昆虫を誘い引き寄せる工夫の中では、甘い香りが最も有効である。

(1)［　］

(2)［　］

(3) □□□□□□□□□□□□□□□□□□□□□□□□□ということの意義

(4)［　］

入試実戦テスト

時間 30分
合格 80点
得点 ／100

〔　月　日〕

解答→別冊5ページ

1 次の文章を読んで、あとの問いに答えなさい。〔島根―改〕

[1] 私は、科学への「不信」や未来への「不安」を解消するための第一歩は、科学をもっと身近にすることではないかと思っています。現在地球上に生じているさまざまな矛盾を解決するには、やはり科学の力に頼らざるを得ないからです。□、私たちが現在抱えている問題の本質は何で、それにはどのような手を打てば解決できるか、を順序立てて考えることが大切なのです。

[2] 科学の力が大事だといっても、病人に次々と注射して、さらに病気を悪化させるようなことになっては何にもなりません。まず、一つ一つの問題を、あらゆる角度から検討する必要があります。だから、「科学の専門家にまかせてしまってはいけない」のです。市民が一人一人、自らの頭で考えて意見を述べる、それによって専門家には見えない側面が明らかになるのです。

[3] かつて、病気を治すためと称して、本人の同意を得ず、人体実験がなされたことがありました。あるいは、原子爆弾を開発する計画に、科学者は協力し続けました。専門家は、自分たちが向かっている問題がおもしろければ、その解決が何をもたらすかにはおかまいなしに、研究に熱中してしまいがちです。それにブレーキをかけるのは、科学の内容を理解し、さらにそれが現実化したときに、どのような事態が引き起こされるかを判断できる知力なのです。このような①専門家と市民の相互作用こそが、未来を明るいものにするに違いありません。科学の考え方・進め方を知った市民となることが求められているのです。

[4] おそらく、現在のままの消費構造やエネルギー使用を続けていくなら、一〇〇年もたたないうちに地球は行きづまってしまうと思われます。資源やエネルギーが足りなくなるのではなく、それらの使い過ぎで地球環境が荒廃してしまうからです。では、私たちはどのような生活へ変えていかねばならないのでしょうか。そして、それをどのような道筋で達成すべきなのでしょうか。

[5] そう簡単には答えが出そうにない②この問題には、世界中の人々が知恵を出し合って話し合わなければならないでしょう。むろん、国内でも、地域でも、合意が得られ

ることが必要です。そのためには、いったいどのような手だてが必要なのでしょうか。私は、手持ちのデータを駆使して、未来を予測することではないかと思っています。何ができ何ができないか、ある道を選べばどのような結果になるか、どこまでを許容できどこからは受け入れられないか、そのような予測を世界各国のみんなが慎重に検討し、一致できることから行動する、そんな手続きが必要でしょう。ここに科学の力が生かせるのです。かつては戦争によって、強い国の論理が押しつけられてきました。そのような暴力ではなく、③「科学の知」が世界の未来を決定してゆくのです。

（池内了（いけうちさとる）「科学の考え方・学び方」）

(1) 【接続語の補充】□に入る言葉として最も適切なものを次から選び、記号で答えなさい。（20点）［　　］

ア しかし　**イ** つまり
ウ たとえば　**エ** そこで

(2) 【内容把握】――線部①とあるが、市民には、専門家に対するどんな役割が求められると筆者は考えているか。最も適切なものを次から選び、記号で答えなさい。（20点）［　　］

ア 専門家を抑制する役割
イ 専門家を激励する役割
ウ 専門家を賞賛する役割
エ 専門家を弁護する役割

重要
(3) 【指示語の内容】――線部②とは、どういう問題か。最も適切なものを次から選び、記号で答えなさい。（30点）［　　］

ア 科学の考え方・進め方を知った市民となるためには何が求められるかという問題。
イ 現在のままのエネルギー使用を続けていくと、いつごろ地球が行きづまるかという問題。
ウ 私たちは今までのような生活を変える必要があり、それをどうやって達成するかという問題。
エ 将来の結果についてどこまで許容でき、どこからは受け入れられないかという問題。

(4) 【内容把握】――線部③が指している部分を、3～5段落から五十字以内で抜き出し、はじめと終わりの五字を答えなさい。（30点）

□□□□□～□□□□□

第6日

文脈をとらえよう

● 空欄の中に入る語には、重要な言葉が多いことを理解しよう。

〔　月　日〕

解答↓別冊6ページ

例題▼ **《論説文》次の文章を読んで、あとの問いに答えなさい。**〔和歌山―改〕

1 動物は□を感じるのか。(1)これは動物の心になりかわれない以上、なんともいえない。美しいという感じ方は、言語を持つ人間の感覚であって、そのまま動物に適用することはできない。しかし、たとえばクジャクの羽は、われわれの目から見ても美しいが、それをクジャク自身も魅力的なものとしてとらえているのは、たしかなようだ。

2 クジャクのオスは、そのみごとな羽を広げ、小刻みにふるわせて音を立ててメスの気を引く。メスはそれを見て、オスをパートナーとして選ぶかどうかを決める。また、(2)小鳥のなかにはオスがメスの前で求愛のダンスを踊ったり、歌をうたってみせたりするものも多い。メスは、その歌を聞き、ダンスを見て、気に入ったらそのオスをパートナーに選ぶ。

3 小鳥は本能では歌はうたえない。隔離された環境で小鳥のヒナを育てると、その鳥は正常な歌をうたえなくなるという。小鳥は親やほかの成鳥の歌を聞いてうたい方を学び、練習をかさねた結果、うたえるようになる。その歌にも個体差があり、メスは、(2)より複雑で洗練された歌やダンスを好むという。その複雑さを美しさとよぶならば、鳥の世界において「美しさ」とは、①オスがメスを引きつけるために発達させた繁殖のための「文化」といえるだろう。

4 人間以外の動物も、人間と同じく、なにかを見て美しいと感じるかもしれない。けれども、動物が感じられる美しさというのは、種によってある程度、決まっている。羽を広げたクジャクのオスを見て魅力を感じるのは、クジャクのメスだけである。ほかの鳥にとっては、どんなにみごとなクジャクの羽も関心を引くものではない。

5 けれども、人間はちがう。(3)人間には、他者が美しいと感じているものに共感する力がある。

ポイント

文脈…文章における文と文の間にある論理的なつながりや続き具合。

● **文脈のとらえ方**

A **段落ごとの要点をおさえ、段落どうしの関係を考える。**

B **具体と抽象の関係をとらえる。**
具体的な例と抽象的表現を区別し、筆者の主張を読み取る。

C **対比の関係をとらえる。**
対比的に説明された意見に注意し、筆者の主張を把握する。

D **筆者の主張をつかむ。**
言い換えや強調表現な

人間は、自分の生存戦略とは関係のないクジャクの羽を見ても美しいと感じるし、ウグイスのオスがメスの気を引くための歌を聞いても美しいと感じる。(3)動物は、みずからの感じる美しさの境界を越えられないけれど、人間は、想像力によって境界を越えることができる。

6 一方で、「こんなものは美しくない」「こんなものは価値がない」と境界をもうけるのも人間である。それは本人の属する文化にも影響される。でも、人間にはその文化の境界を越えていく力もある。現代は社会が複雑化し、さまざまな情報がたえず行き交っている時代だ。そこに生きるわれわれは、多かれ少なかれ、価値観の揺らぎのなかに置かれていて、なにが美しいか自分でもわからなくなっているように思う。だいじなことは文化や伝統が築き上げてきた美しさ、あるいは自分の慣れ親しんだ美しさがすべてだと思わず、②新しい感じ方に対して心を柔軟に開いておくことだと思う。

（田中真知「美しいをさがす旅にでよう」）

どに注意し、筆者の主張をつかむ。

考え方

(1) 筆者が何について疑問を持っているかを読み取る。

(2) 2～3段落に小鳥の例が書かれている。傍線部の前の文章から抜き出す。

(3) 5段落の内容に着目。

重要 (1) □に入る漢字一字の言葉を、本文中から抜き出しなさい。

(2) ——線部①とあるが、「文化」とは、「小鳥」でいうとどのようにすることだと筆者は述べているか。X に入る言葉を、本文中から十五字で抜き出しなさい。

オスがメスの前で X をすること。

(3) ——線部②とは、どうすることか。最も適切なものを次から選び、記号で答えなさい。

ア 他者が美しいと感じるものに対し、想像力を働かせて共感できるようにすること。

イ 他者と同じものを美しいと感じられるように、自分の価値観を変えるよう努力すること。

ウ 他者と意見が違っても、自分が慣れ親しんだ美しさがすべてだと思うようにすること。

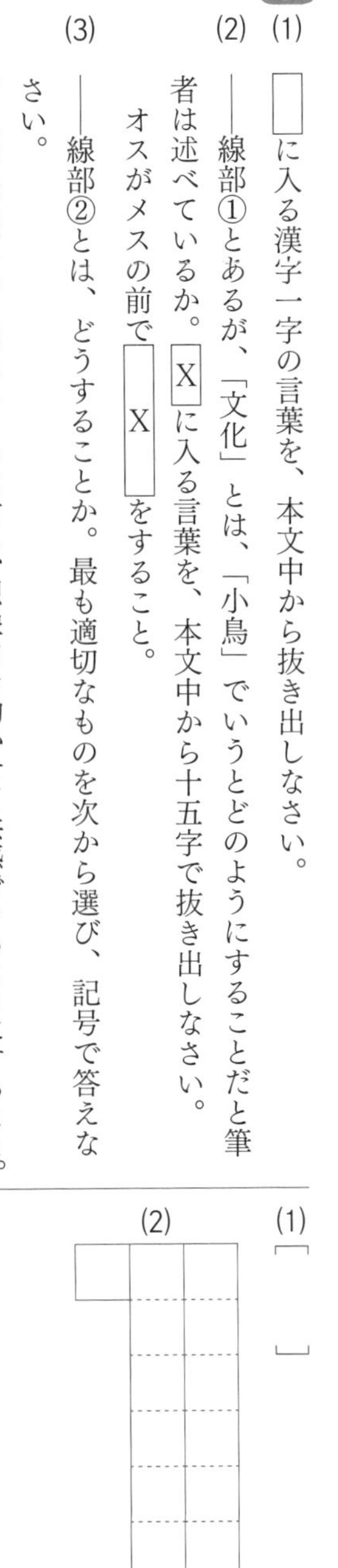

(1)［　　］

(2)

(3)［　　］

入試実戦テスト

時間 30分　合格 80点

得点　／100　〔　月　日〕

解答→別冊6ページ

1 **次の文章を読んで、あとの問いに答えなさい。**〔愛知〕

会社の近くに、スプーンとナイフ、フォークだけでなく、必ず箸を添えて出す小さなレストランがあった。紙の箸袋に入った割り箸で、駅弁などについているものよりも少し長目の割り箸である。ホテルのレストランなどではまずあり得ない和洋の折衷であるが、このことが実に気楽であり、何よりも食事がしやすかった。こういう所へなら、老人を案内しても、互いに気詰まりな思いをしないで食事を楽しむことができる。

日本料理をしっかり支えているのが箸で、たった一膳*といっても、三度の食事で発揮される箸の機能は水陸両用とでも言いたい頼もしさ、固い食物、柔らかな食物、長い、短い、太い、細い食物を口へ運ぶに当たってのはたらきの多様性は、高座*で示される扇子や日本手ぬぐいのたぐいではない。しかもこの機能は、箸を指で使う人間しだいというところがあって、ごくわずかな機能にしかあやかれないまま一生を終わる場合もある。①人間は遠い昔から営々として箸をつくりながら、つくった箸の暗黙の要求にどれだけこたえられるか試されてきたとも言えるだろう。

和服姿の人が少なくなり、純日本建築が珍しくなって、パン食も普及したが、箸のない家はまずないだろう。箸を上手に使うことができるかそうでないかには、単なる手先の□にはとどまらない多くのことが含まれていると思う。よく、箸も持てなくなった、と言って病気や老いを嘆く。箸も持てない状態というのは、考えてみると何かを象徴している状態でもあって、私自身、気持ちが緩んだり、屈したりしているような時にも、箸の持ち方や箸運びはとかくだらしなくなっている。

二本の箸の両先端が、自分の体の部分のように違和感なく精妙にはたらく時、背筋はまず曲がっていない。私は、背筋をしゃんと伸ばした老人が茶碗を片手に箸を使っている姿を見るのが好きである。②ものが所を得ているさまだ、と思う。

旅に出ると、早朝の門前町の小店などでよくそうした情景に出会う。表に立って声をかけると、老夫婦の③つつましい朝食が中断される。悪かったと思う気持ちと、いい情景を見たという静かな喜びが重なる。

（竹西寛子（たけにしひろこ）「ひとつとや」）

＊膳＝箸二本を一対として数える語。
＊高座＝この場合は、寄席で落語などを演じる場所。

(1)【内容把握】——線部①の内容として最も適切なものを次から選び、記号で答えなさい。(20点)　［　　］

ア　箸の多様なはたらきを十分に生かしてほしいこと。
イ　箸を使って日本料理の完成度を高めてほしいこと。
ウ　箸を遠い昔と同様につくりつづけてほしいこと。
エ　毎日の食事において箸だけを使ってほしいこと。

(2)【適語補充】□に入る言葉として最も適切なものを次から選び、記号で答えなさい。(20点)　［　　］

ア　大胆さ　　イ　便利さ
ウ　器用さ　　エ　微妙さ

(3)【内容把握】——線部②の内容として最も適切なものを次から選び、記号で答えなさい。(20点)　［　　］

ア　背筋を曲げた老人の片手に箸が握られているさま。
イ　背筋を伸ばした老人に箸が精妙に使われているさま。
ウ　老人の手に箸の長さや太さがよく合っているさま。
エ　人が背筋をしゃんとさせて食卓についているさま。

(4)【内容把握】——線部③の意味として最も適切なものを次から選び、記号で答えなさい。(20点)　［　　］

ア　明るくにぎやかな
イ　静かで心細げな
ウ　豪華でぜいたくな
エ　ひかえめで質素な

重要

(5)【主題】本文の内容と合っているものを次から選び、記号で答えなさい。(20点)　［　　］

ア　筆者の行くレストランでは割り箸の用意はなかったが、気楽に食事を楽しめた。
イ　三度の食事で発揮される箸の機能には、どんな食べ物にも対応できる頼もしさがある。
ウ　和服姿や純日本建築が珍しくなるとともに、箸を備えた家庭はとても少なくなった。
エ　筆者は気持ちが屈している時でも、箸の持ち方や箸運びはしっかりしている。

第7日

表現の工夫を味わおう

● 表現の工夫は、強調したい部分に見られるので、気をつけよう。

［　月　日］

解答→別冊7ページ

例題 **《随筆》 次の文章を読んで、あとの問いに答えなさい。**〔秋田〕

1 毎年春になると、たけのこの木の芽和えをするために八百屋にさんしょうの若葉を買いにゆくのだけれど、日越しの品は辛みが乏しくなっているので、何とか新鮮なものをと一年、鉢植えで育てたことがあった。

2 (2)鬼の角のような鋭いトゲのある幹から、(2)線香花火みたいに出ている短い葉をたっぷりもいで使ったあと、水をやり、陽に当てしていると春の終わりころ、その葉かげに(2)黄いろいゴマ粒ほどの花がひらいているのを見つけた。まあまあ何と、実用一点ばりと思っていたこのトゲだらけの木に、何と可憐な、何といたいけな花を咲かせることかと、(4)私はそのいじらしさに思わず涙ぐむほどの感動を①おぼえたことを思い出す。

3 子供のころ、祖母は毒虫にさされた私の手の甲にこの葉を揉んでつけてくれたし、まるい実は佃煮にしてお茶漬けに、そして黒く熟したものは煎じて年一回、虫下しの妙薬として飲まされたものだった。挙句には幹はすりこ木に使い、家の台所には、素人が不器用にトゲを払っただけのさんしょうのすりこ木がいつも大活躍だったものである。

4 その(3)さんしょうがこんな愛くるしい花を咲かせるなど、まことに②思いもかけない発見だが、しかし考えてみれば花の咲かない木はなく、実りのもとはすべて花の力あってこそなのである。その目でみれば、おそろしいトゲも、力いっぱい張っている葉もすべてこの小さな花を外敵から守る必死の姿であって、植物といえども人間家族の生きかたに大いに類似点があると思った。

（宮尾登美子「お針道具」）

ポイント

● **表現の工夫**

A **文体**…常体・敬体

B **時制**…現在形・過去形

C **表現技法**

・**比喩**…たとえ（直喩・隠喩・擬人法など）

・**擬態語**…態度や状態に似せた言葉。

・**擬声語**…声や音に似せた言葉。

考え方

(2) 比喩が使われているのは、「春の風景」ではなく、さんしょうの葉や花の特徴。

(3) 前の内容に着目。

(4) 「いじらしさに思わず涙ぐむ」に見られる筆者の感受性に着目。

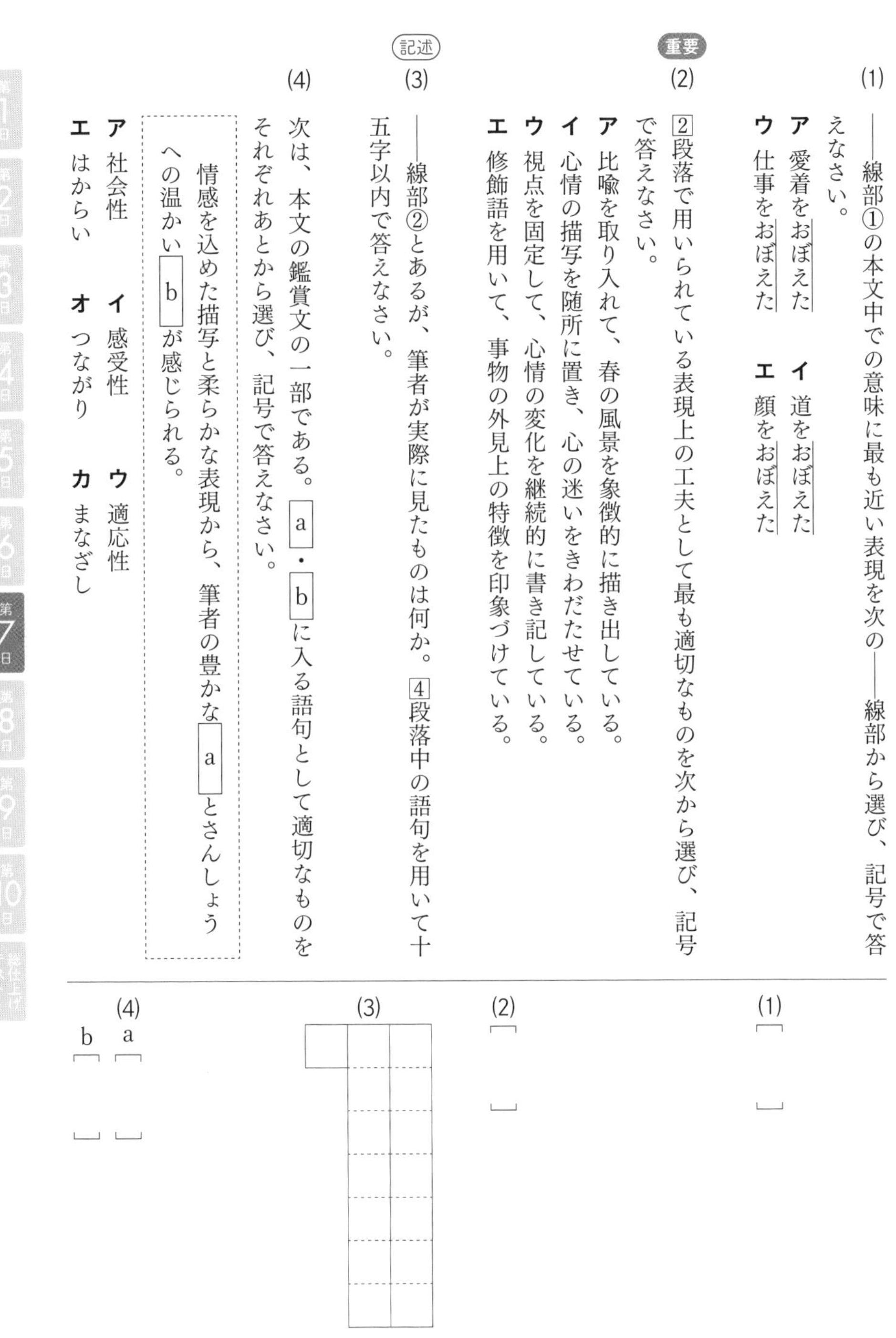

(1) ――線部①の本文中での意味に最も近い表現を次の――線部から選び、記号で答えなさい。

ア 愛着をおぼえた　**イ** 道をおぼえた

ウ 仕事をおぼえた　**エ** 顔をおぼえた

重要

(2) 2段落で用いられている表現上の工夫として最も適切なものを次から選び、記号で答えなさい。

ア 比喩を取り入れて、春の風景を象徴的に描き出している。

イ 心情の描写を随所に置き、心の迷いをきわだたせている。

ウ 視点を固定して、心情の変化を継続的に書き記している。

エ 修飾語を用いて、事物の外見上の特徴を印象づけている。

記述

(3) ――線部②とあるが、筆者が実際に見たものは何か。4段落中の語句を用いて十五字以内で答えなさい。

(4) 次は、本文の鑑賞文の一部である。a・bに入る語句として適切なものをそれぞれあとから選び、記号で答えなさい。

> 情感を込めた描写と柔らかな表現から、筆者の豊かな a とさんしょうへの温かい b が感じられる。

ア 社会性　**イ** 感受性　**ウ** 適応性

エ はからい　**オ** つながり　**カ** まなざし

(1)［　］

(2)［　］

(3)

(4) a［　］ b［　］

入試実戦テスト

時間 30分
合格 80点
得点 ／100
〔　月　日〕

解答→別冊7ページ

1 **次の文章を読んで、あとの問いに答えなさい。**〔山梨―改〕

光が淡くやわらいできた。どこからか花の匂いが香って来る。大きな古屋敷のミモザの大木が風に揺れて、散歩をする^Aわたしの肩に金色の粉がいっぱいに降り注がれた。

この季節になるといつも、高校時代に住んでいた郊外の家を思い出す。マンションの五階の窓を開け放ち、裏のベランダから外を眺めると、遠くに一面の桃畑が濃い紅色に霞(かす)んで見えた。春の似合う土地だった。そのせいか穏やかな陽差(ひざ)しが降り注ぐ週末、我が家はよく客を迎えた。

朝から料理に忙しい母を［　］見ながら、Bわたしは知らぬフリをして自室で本を読み続ける。あと三十分ほどで客が着くという時刻になると、①いやおうのない声がかかり、わたしはあきらめて本を閉じ、台所へ行くのだった。かいがいしく家事を手伝ったりすることの嫌いな、およそ娘らしくない娘だったが、最後のお膳立てだけは子どもの仕事と、幼い頃から母に言われて育った。

「まず、お醤油差(しょうゆさ)しを洗ってちょうだい」

冷蔵庫から醤油差しを取り出し、使いさしの醤油を捨てて、柔らかな布で丁寧に洗う。醤油差しは、普段から比較的上等なものを使い、それを客用にも出していた。毎日使うものだから、安ものではみすぼらしい気持ちになる、というのが母の考えだったようだ。ちょっとモダンにも見える赤絵＊の肌をきれいに洗い、注ぎ口の白い部分を清めたものを食卓の上に置くと、それだけで②あたりの空気が背筋を伸ばすかのように思えた。

台所に戻ると、母が新しい布巾を下ろしている。客を迎える最後の仕上げが、この布巾だ。真っ白な、染(し)み一つない布巾が三枚、きっかりと角を揃(そろ)えてかけられていく。Cわたしは茶渋を取るために漂白剤につけてあった急須を洗って、籠に伏せる。

「さあ、終わった」

母は晴れやかな顔で微笑(ほほえ)んだ。そして急いで洗面所に行き、髪を巻いて化粧を始める。Dわたしは客用の箸を並べ、グラスや猪口(ちょこ)を一人分ずつ箸の横に組み合わせて置いていく。すべてが出来上がった頃、いいタイミングでチャイムが鳴る。ドキドキしながら居間の時計を振り返る。それは芝居の幕が開く前のような、楽しげな緊張の一瞬だった。

（光野桃「実りを待つ季節」）

＊赤絵＝赤を主調とした絵の描かれている陶磁器。色絵。

(1) 【内容把握】〜〜〜線部A〜Dの「わたし」の中で、高校生ではない「わたし」はどれか。記号で答えなさい。（10点）　［　　］

(2) 【適語補充】□に入る言葉として最も適切なものを次から選び、記号で答えなさい。（10点）　［　　］

ア まっすぐに　イ 上目づかいで　ウ ぼんやりと　エ 横目で

(3) 【心情把握】——線部①とあるが、このとき、「わたし」（筆者）はどのように思っていたか。最も適切なものを次から選び、記号で答えなさい。（40点）　［　　］

ア 家事を手伝うことを嫌だとは思いながらも、母に言われている子どもの役割だけは、果たさなければいけない。

イ みずから進んで料理の準備や配膳をしたいと考えてはいたのだが、その機会を失ってしまい、残念でならない。

ウ 客からもうすぐ到着するという連絡があったことを察したので、この家の娘として急いでお膳立てをしなければならない。

エ 最後のお膳立てを子どもの仕事だと言われてはいなかったが、忙しい母親から声を掛けられたのでしかたがない。

重要

(4) 【表現の工夫】——線部②とあるが、次は、この部分に見られる表現の工夫について説明した文章である。a・bに入る言葉を、aはあとから選び、bは本文中から漢字二字で抜き出しなさい。（20点×2）

人でないものを人に見立てて、それについて表現する方法を、 a というが、この部分にも、空気を人に見立てて「背筋を伸ばす」と述べる a が、用いられている。「背筋を伸ばす」と表現することで、醤油差しを洗い、注ぎ口を清め、それを食卓に置いた時の、快い b 感が表現され、客を迎えようとする時の「わたし」（筆者）の心情が巧みに表されている。

ア 直喩　イ 擬人法　ウ 擬声語　エ 擬態語

a［　　］　b［　　］

第8日

文章の構成をつかもう

● 各段落の文章中での役割を考えよう。

〔　月　日〕

解答→別冊8ページ

例題《論説文》 次の文章を読んで、あとの問いに答えなさい。〔滋賀―改〕

(1)本を読んでいると、「どうしてこんなことが書いてあるのだろう?」と疑問に思う部分が多々ある。どんなに好きな作家でも、*所詮はアカの他人が書いているのだから、①当然である。読みながら、納得できないと感じたり、こう書いたほうがいいんじゃないかと自分なりに考えてみたりすることもあるだろう。

　大切なのは、立ち止まって、「どうして?」と考えてみることだ。本というのは、そういった疑問を持った瞬間に、そういう疑問を持った人にだけ、こっそりとその秘密を語り始めるものなのだ。疑問を持ったら、素通りせず、*虚心にその一節に耳を傾けてみよう。たとえ、そのときには理解できなくても、そうして気にかけることで、その一節は読後も記憶に残り続け、何年か経ってから、「ああ、ずっと不思議だったけど、あれはそういうことだったのか!」と理解できるときが訪れるものである。そのとき初めて、長い時間をかけて、作者の最も深い場所から発せられた声は、読者に届くのである。

　長い歴史の中で②多くの人が得てきた豊かな内容を、ほんの少しでも自分も得たいと考えるならば、まずはゆっくりと時間を取って、「なぜ、わざわざ、作者はこんな書き方をしているのだろう?　なぜ、あえてこんなことを書いているのだろう?」と考えるところから始めなければならない。それは、今日、明日役に立つことは教えてはくれないかもしれないが、自分自身の価値観を大きく揺さぶるような経験をもたらしてくれるかもしれないのである。

　言葉というものは、地球規模の非常に大きな知の球体であり、そのほんの小さな一点に光を当てたものが一冊の本という存在ではないかと思う。(2)一つの作品を支えているのは、それまでの文

ポイント

● **文章構成のとらえ方**

形式段落ごとの要点を把握し、それをもとに、文章を意味段落に分け、相互の関係をとらえる。

※形式段落…一字下げで始まる文のまとまり。

意味段落…形式段落を意味上のつながりからまとめたもの。

● **文章の構成**

多くの文章は

序論（話題提示）、**本論**（中心となる説明）、**結論**（筆者の主張・まとめ）に分けられる。

● **文章の構成の型**

頭括型（とうかつ）…結論が最初。

尾括型…結論が最後。

学や哲学、宗教、歴史などの膨大な言葉の積み重ねである。そう考えるとき、私たちは、本を「先へ」と早足で読み進めていくというのではなく、「奥へ」とより深く読み込んでいくというふうに発想を転換できるのではないだろうか？

作者は一体、何を言おうとしているのだろうか？　そしてその主張は、どんなところから来ているのだろうか？　それを探るのは、常に、奥へ、奥へと言葉の森を分け入っていくイメージである。

一冊の本をじっくりと時間をかけて読めば、実は、一〇冊分、二〇冊分の本を読んだのと同じ手応えが得られる。これは、比喩でも何でもない。実際に、その本が生まれるには、一〇冊、一〇〇冊分の本の存在が欠かせなかったからであり、私たちは、スロー・リーディングを通じて、それらの存在へと開かれることとなるのである。

（平野啓一郎「本の読み方　スロー・リーディングの実践」）

＊所詮は＝結局は。　＊虚心に＝素直に。

双括型…結論が最初と最後。

考え方

(2) さまざまな分野で蓄積されているといった内容が書かれた部分を探す。

(3) 形式段落の第一段落で話題を提示し、第二～五段落で考えを説明し、第六段落でまとめている。

(1) ――線部①とあるが、どのようなことが「当然である」と筆者は述べているか。最も適切なものを次から選び、記号で答えなさい。

ア 本がまったくの他人によって書かれていること。

イ 本に書かれている内容に疑問を抱くこと。

ウ どんなに好きな作家も、結局は他人であること。

エ 本を読んで、納得できないと感じること。

(2) ――線部②とあるが、これとほぼ同じ内容がより具体的に書かれている部分を、本文中から二十五字以内で抜き出し、はじめと終わりの五字を答えなさい。ただし、句読点を含むものとする。

重要 (3) この文章を、大きく三つに分けるとすると、どこで区切るのが適切か。二つ目と三つ目のはじめの五字を、それぞれ抜き出しなさい。

(1)「　　」

(2) はじめ □□□□□
終わり □□□□□

(3) 二つ目 □□□□□
三つ目 □□□□□

入試実戦テスト

時間 30分
合格 80点

得点 ／100

月　日

解答→別冊8ページ

1 **次の文章は、筆者が鍛冶屋である岩崎さんの仕事場へ行き、和釘(わくぎ)の見本を見せてもらったときの話である。これを読んで、あとの問いに答えなさい。**〔栃木―改〕

[1] 「①この釘を見てください。これがなんだかわかりますか。」

[2] テーブルにならんだサンプルのなかから、岩崎さんが手にしたのは、五寸（約十六センチ）ほどの長さの四角い釘で、元から先までがゆるやかに細くなっていた。そしてその釘の頭部は、ほかの釘のようにたいらではなく、断面を書けば、のの字のようにまがった頭だった。むろんわたしは、生まれてはじめて、そんな形の釘を見たので、たずねられても、見当がつかなかった。

[3] 「最初は、わたしたちもわからなくてねえ。[A]、そういう図面なんだから、そのとおり作るしかないだろうって。作るのにも苦労しましたが、ともかく作ってね。[B]、試しに打ってみようということになりました。この頭は、木に打ちこんでみて、はじめてわかりました。この頭は、*ショック・アブソーバーだったんですよ。」

[4] のの字状に曲げた和釘の頭は、ちょうどスプリングのようになって、ハンマーでたたいた衝撃を緩和させる役割をはたしている。

[5] 「この頭がつぶれないように、ゆっくりと打て、ということです。そうすれば、こんな太くて長い釘でも、木を傷めない、木を割らない。木に優しい釘です。これはまさに、木の文化です。力まかせに打つ洋釘とはまるでちがうんです。すっかり打ちこんだら、最後の一撃を力をこめる。すると頭はたいらになってしまうんです。」

[6] 現代の鍛冶屋である岩崎さんが、昔の鍛冶屋の工夫に舌を巻いて、それを〝木の文化〟だという。その言葉は、②技術の根源を鋭くいいあてている。技術とはなにか。なんのため、だれのためにあるべきものか。そのことをいいあてている。鍛冶の仕事とはなにか。和釘はなんのために必要なのか。それがわからなかったら、このような、作るのにはたいへん手間のかかる和釘は生まれなかったにちがいない。それだから岩崎さんは、鋼を打つ鍛冶の仕事を〝木の文化〟だといったのだった。

[7] 最近は、人に優しいとか、地球に優しいという言葉が流行語のように使われるが、昔の鍛冶師が、木を生かす

ためにどんなに心を配って工夫をかさねたかを、この和釘一本がみごとに語っていて、わたしたちに教えてくれることはおおい。

（小関智弘「町工場・スーパーなものづくり」）

＊ショック・アブソーバー＝衝撃をやわらげるもの。

記述

(1)【内容把握】――線部①とあるが、岩崎さんが「この釘で注目してほしかったこと」を二十字以内で答えなさい。（20点）

(2)【接続語の補充】[A]・[B]に入る語の組み合わせとして最も適切なものを次から選び、記号で答えなさい。（20点）［　　］

ア Aつまり　Bけれど

イ Aけれど　Bつまり

ウ Aしかし　Bそれで

エ Aそれで　Bしかし

(3)【内容把握】――線部②とあるが、筆者の考えている「技術の根源」を次から選び、記号で答えなさい。（20点）［　　］

ア 技術は、人類の発展に貢献することでしか価値が認められないので、常に革新を必要とするということ。

イ 技術は、道具を使う人の能力を最大限に引き出すことを第一の目的として発展すべきであるということ。

ウ 技術とは、人間や人間を取り巻く環境に応じて生み出され、それらに役立つべきものであるということ。

エ 技術とは、他国から輸入されるものに一切頼らない自分の国独自のものでなければならないということ。

重要

(4)【段落の役割】この文章において、[6]段落の果たしている役割を次から選び、記号で答えなさい。（40点）［　　］

ア 他者の発言をまとめて、自分なりの意味づけをしている。

イ 他者の発言に説得力を持たせるために、具体例を提示している。

ウ 他者の発言に反論の意を示して、独自の意見をまとめている。

エ 他者の発言の中で疑問の余地のある点をあげ、分析している。

第9日

詩の情景をとらえよう

● 作者のいる場所や気持ちを考えて詩を読もう。

［　月　日］

解答→別冊9ページ

ポイント

● **詩の種類**

A 文体…文語詩・口語詩

B 形式…定型詩・自由詩・散文詩

● **表現技法**

①比喩（直喩・隠喩・擬人法）

②その他の修辞法
倒置法、反復法、体言止め、対句法、省略法　など

● **詩の主題**

C 詩の内容を正しくとらえる。
↓情景を思い浮かべる
＝作者の視点

D 作者の感動をとらえる。

・「白い火を噴き／す

例題 《詩》次の詩と鑑賞文を読んで、あとの問いに答えなさい。〔福島―改〕

木々が芽吹くとき

小野十三郎（おのとうざぶろう）

木々が芽吹くとき
その一つ一つの芽は
白い火を噴き
すさまじい音を発する。
ただそれはかずかぎりもなく同時的だから
だれにもきこえないだけである。

数兆数億の
燃えたつ簇葉（ぞくよう）の中に
もしただ一個出おくれた新芽があって
それがなかまに追っつこうとするなら
そのときは
天地をくつがえすような大音響が
われらの耳に達するだろう。

＊簇葉＝群がるように生い茂っている葉。　＊追っつこう＝追いつこう。

早春に木々が芽吹くとき、「[A]」とあるのは、その瞬間に何かとてつもなく重大な事が起きていることを暗示している表現です。作者は、小さな一つ一つの芽に起こっている変化に目をとめ、そこに大きな意味を感じ取っているのです。

しかもそれは、数兆数億、「かずかぎりもなく同時的」に起こるので、誰(だれ)にも気づかれずに過ぎてしまうというのです。

さらに、作者は想像します。もし若葉の季節になって芽吹こうとする出おくれた新芽があったら、そのときには「天地をくつがえすような大音響」が、私たちの耳に達するに違いないというのです。

この詩からは、(2)見えないものを見、「[B]」大音響に耳を澄ます、作者の詩人としての感覚の鋭さを感じ取ることができます。

(1) [A]に入る連続した二行を、詩の中から抜き出しなさい。

(2) [B]に入る言葉を、詩の中から五字で抜き出しなさい。

(3) この詩に用いられている表現技法を次から選び、記号で答えなさい。

ア 体言止め　**イ** 反復法　**ウ** 比喩　**エ** 倒置法

重要

(4) この詩に込められた作者の思いとして最も適切なものを次から選び、記号で答えなさい。

ア 春が巡ってくるたびに出会う、新緑の鮮やかな美しさをなつかしむ思い。
イ 芽吹くときを失って、芽を出せないでいる小さな命をいとおしむ思い。
ウ 木々の芽吹きに、生命が誕生する瞬間の厳粛な営みを見てとり感動する思い。

(1)［　　］
(2)［　　　　　］
(3)［　］
(4)［　］

さまじい音を発する。」

考え方

(2) 直前の「見えないものを見」と対になっている。
(3) 「木々が芽吹く」様子をたとえを用いて表現している。
(4) 作者の感動は題名にも表される。

入試実戦テスト

時間 30分　合格 80点

〔　月　日〕

得点　／100

解答→別冊9ページ

1 **次の詩を読んで、あとの問いに答えなさい。**〔沖縄―改〕

橋

高田敏子（たかだとしこ）

少女よ
橋のむこうに
何があるのでしょうね
私も　いくつかの橋を
渡ってきました
いつも　心をときめかし
急いで、かけて渡りました

あなたがいま渡るのは
あかるい青春の橋
そしてあなたも
急いで渡るのでしょうか
むこう岸から聞こえる
あの呼び声にひかれて

（「月曜日の詩集」所収）

(1)【詩の種類／詩の形式】この詩の種類を次から選び、記号で答えなさい。（10点）〔　〕

ア 文語定型詩　**イ** 文語自由詩
ウ 口語定型詩　**エ** 口語自由詩

(2)【表現吟味】この詩の表現上の特徴として最も適切なものを次から選び、記号で答えなさい。（10点）〔　〕

ア 平易な言葉に深い意味を込めた詩
イ 繰り返しを用いたリズミカルな詩
ウ 平仮名を用いた優雅で古典的な詩
エ 漢語を用いた若者らしい力強い詩

(3)【題名の意味】題名は何の比喩か。最も適切なものを次から選び、記号で答えなさい。（10点）〔　〕

ア 川に架かっている橋
イ 国と国とを結ぶ架け橋
ウ 空にかかる七色の虹
エ 人生のそれぞれの節目

重要

(4)【心情把握】この詩から感じられる作者の気持ちを次から選び、記号で答えなさい。（20点）〔　〕

ア 少女を厳しくたしなめ、激励したい気持ち。
イ 少女をあたたかく見守っていきたい気持ち。
ウ 少女を冷たくあしらい、つきはなしたい気持ち。
エ 少女が橋を渡るのをひきとめたい気持ち。

2 **次の詩を読んで、あとの問いに答えなさい。**〔兵庫〕

つくし

吉野(よしの) 弘(ひろし)

つくし
土筆(つくし)
土から生えた筆

風が土筆に聞いています
お習字が好き?
お習字が好き?

はい　いいえ
はい　いいえ

つくし　土筆
光をたっぷりふくませて
光を春になすっています

(1)【内容把握】「つくし」は漢字で「土筆」と書くが、このことを作者はどう受けとめていると考えられるか。最も適切なものを次から選び、記号で答えなさい。(10点)
〔　　〕

ア　とても「土から生えた筆」には見えないのではないか。
イ　なるほど「土から生えた筆」そのものではないか。
ウ　どこが「土から生えた筆」だというのだろうか。
エ　だれも「土から生えた筆」とは思いつかないだろう。

記述 (2)【情景把握】第二連と第三連に表現された「風」と「土筆」の様子を説明しなさい。(10点×2)

風〔　　〕
土筆〔　　〕

重要 (3)【鑑賞】この詩の説明をした次の文章の a ・ b に入る言葉を、詩の中からそれぞれ抜き出しなさい。(10点×2)

作者は小学生時代の記憶を下地にして、土筆が「 a 」をしている光景を空想している。墨の代わりに光をたっぷりふくませて、土筆が字を書いたり遊んだりしている動作を「 b 」という言葉で表しているのである。

a〔　　〕　b〔　　〕

第10日

短歌・俳句を鑑賞しよう

● 季節を表す言葉などをもとに情景をとらえよう。

〔　月　日〕

解答→別冊10ページ

例題 1 **《短歌》次の短歌を読んで、あとの問いに答えなさい。**〔福島〕

a ゆく秋の大和の国の薬師寺の塔の上なる一ひらの雲　佐佐木信綱

b みづうみの(2)氷は解けてなほ寒し三日月の影波にうつろふ　島木赤彦

c いつしかに春の名残となりにけり昆布干場のたんぽぽの花　北原白秋

d つばくらめ*飛ぶかと見れば消え去りて空あをあをとはるかなるかな　窪田空穂

e いちはつ*の花咲きいでて我目には(3)今年ばかりの春行かんとす　正岡子規

f みづからの光のごとき明るさをささげて咲けりくれなゐの薔薇　佐藤佐太郎

* つばくらめ＝つばめ。
* いちはつ＝アヤメ科の植物。

例題 2 **《俳句》次の俳句を読んで、あとの問いに答えなさい。**〔高知学芸高—改〕

a 遠山に日の当りたる枯野かな　高浜虚子

b をりとりて(3)①はらりとおもきすすきかな　飯田蛇笏

c 名月や池をめぐりて夜もすがら　松尾芭蕉

d 流れゆく(3)②大根の葉のはやさかな　高浜虚子

e わけいってもわけいっても青い山　種田山頭火

ポイント

● **形式**
A 短歌…五七五七七
B 俳句…五七五

● **句切れ**…短歌や俳句で意味が切れる部分。

● **表現技法**
・短歌
比喩、倒置法、体言止め、反復法、枕詞など
・俳句
C **切れ字**…「や・よ・ぞ・かな・けり」など
D **季語**…季節を表す言葉。

考え方

1 (2) 厳しい寒さを表した歌を選ぶ。
(3) 「今年ばかりの」は「今年だけの」の意味。

1

(1) 三句切れで、同時に体言止めが用いられている短歌を、a～fから選び、記号で答えなさい。

(2) 厳しい自然の中の静寂な世界が最もよく表現されている短歌を、a～fから選び、記号で答えなさい。

重要

(3) 次の文章は、a～fの中にある一つの短歌の鑑賞文である。□には、その短歌の初句から五句までのうちの一つの句がそのまま入る。どの短歌の鑑賞文かを考えたうえで、最も適切な句を抜き出しなさい。

> 今年もこの花が咲いたが、次の年には再び見ることができないだろうという気持ちが「□」という表現に込められている。そして、それが過ぎゆく季節を惜しむ気持ちとともに作者の感慨となって、痛いほど読む者の心に迫ってくる。

2

(1) a～dの俳句の①季語と、②季節をそれぞれ答えなさい。

(2) eの俳句の形式や表現として適切でないものを次から選び、記号で答えなさい。

ア 体言止め　**イ** 反復法　**ウ** 比喩　**エ** 自由律

(3) 次の寸評にあてはまる俳句をa～eから選び、記号で答えなさい。

① 思ってもみなかった感触に新鮮な驚きを感じている。

② 句の背景に日々の暮らしや生活までもがうかがえる。

1

(1) [　　]

(2) [　　]

(3) [　　]

2

(1)
a ① [　　] ② [　　]
b ① [　　] ② [　　]
c ① [　　] ② [　　]
d ① [　　] ② [　　]

(2) [　　]

(3) ① [　　] ② [　　]

入試実戦テスト

解答→別冊10ページ

時間 30分　合格 80点　得点 ／100　〔　月　日〕

1 **次の俳句と鑑賞文を読んで、あとの問いに答えなさい。**（高知—改）

冬山の倒れかかるを支へ行く　松本たかし

天龍渓谷をたどったときの句です。

春の山は、「A」といわれるように自然も人間もともに新しい季節を迎えるのを喜ぶときですから、山がそびえて「倒れかかる」ほどの脅威感を与えるようだとは思われません。夏の山は「B」の季題があるように、若者が元気いっぱい山を楽しむ季節で、のしかかってくる圧倒的な山塊*の肉薄*をこらえて支える重圧感が感じられず、むしろ開放感や征服欲がさきだちます。また、秋の山は「山装う」があるように、紅葉の美しさ、またキノコ狩りや栗拾いといった観光や遊山*の感じが正面に出ます。

四季の山のなかから冬山だけが、いのちの終わりをひしひしと感じさせ、人間に迫ってくる恐ろしさが表現されるのです。

（鷹羽狩行「俳句のたのしさ」）

*山塊＝山脈から離れ、塊状に重なり合った山地。　*肉薄＝身をもって迫ること。　*遊山＝遊びに出かけること。

重要 (1)【表現技法】「冬山の倒れかかるを支へ行く」に用いられている表現技法を次から選び、記号で答えなさい。（10点）　〔　　〕

ア 比喩　イ 反復法　ウ 体言止め　エ 倒置法

(2)【適語補充】A・Bに入る言葉として適切なものをそれぞれ次から選び、記号で答えなさい。（10点×2）　A〔　　〕　B〔　　〕

ア 山眠る　イ 山笑う　ウ 山桜　エ 登山

(3)【言い換え】——線部を別の言葉で表現している部分を、鑑賞文中から十二字で抜き出しなさい。（20点）

2 次の短歌を読んで、あとの問いに答えなさい。〔福島―改〕

A *みんなみの海のはてよりふき寄する春のあらしの音ぞ*とよもす　太田水穂

B をとめらが泳ぎしあとの遠浅に浮環のごとき月うかびいでぬ　落合直文

C 夏はきぬ相模の海の南風にわが瞳燃ゆわがこころ燃ゆ　吉井勇

D しらしらと氷かがやき千鳥なく釧路の海の冬の月かな　石川啄木

E 寂しさに浜へ出て見れば波ばかりうねりくねりあきらめられず　北原白秋

*みんなみ＝南。　*とよもす＝鳴り響かせる。

重要

(1)【技法の理解】直喩を用いて対象の様子を表している短歌はどれか。A～Eから選び、記号で答えなさい。（10点）〔　　〕

(2)【表現の理解】強風にのせて遠景から手前へと一気に視線を誘導し、激しい響きの表現で結ぶことで、躍動感を伝えている短歌はどれか。A～Eから選び、記号で答えなさい。（10点）〔　　〕

重要

(3)【内容把握】次の文章は、A～Eの中の二つの短歌の鑑賞文である。この鑑賞文を読んで、あとの①・②の問いに答えなさい。（15点×2）

> この短歌は、自然の厳しさが作り出した風景を「Ⅰ」という言葉で視覚的に表現した後に、聴覚で感じ取った対象を詠み込み、歌全体として、月が照らし出す印象的な海の情景を表現している。
> また別の短歌は、新たな季節の訪れを実感し、潮風を身に受け、期待感に胸が躍るような心情をうたっている。「Ⅱ」という言葉が、前の句と対応して力強いリズムを生み出すとともに、心情の高まりを率直に表現している。

① Ⅰに入る言葉を、その短歌の中から十字で抜き出しなさい。

② Ⅱに入る言葉を、その短歌の中から七字で抜き出しなさい。

総仕上げテスト

［　月　日］

時間 40分　合格 80点　得点 ／100

解答↓別冊12ページ

1 **次の文章を読んで、あとの問いに答えなさい。**

生命というのは断絶するリズムである。しだいに高まっていくリズムだ。それは宇宙のリズムである。そういう考え方が、人間の身体ということから受けとめた日本人の宇宙的、時空的な、演劇や音楽の「間（ま）」になっている。

西欧の音楽は、ひじょうに*幾何学的に構築されて、人間の幾何学的精神の純粋な構築物だといわれている。この理性こそ神の賜物（たまもの）、幾何学的秩序として唯一神の証（あかし）であり、だから高貴なものだとされる。

ところが一九九二年に亡くなったアメリカの偉大な現代作曲家、ジョン・ケージは、『サイレンス（沈黙）』という本のなかで、音の鳴っていないところにこそ、じつは真の宇宙の音楽が鳴りひびいているという、日本人にはわかりいいが、しかし西洋文明からすれば、じつに革命的なことをいっている。こういうところまで、世界の新しい芸術は来ているのかなという気もする。

その間を抜く。間を外して、「せぬ暇（ひま）」を重視する。そうすると「無い」ものがいちばん充実してくる。たいへん*パラドクシカルというか、矛盾した言い方だが、充実した無、音のない音楽、それがすっとわかるような気がするのが、私たち日本人なのである。

絵についても、同じことがいえる。西洋の絵というのは*タブロー、つまり四角の額ぶちに囲まれている。その額の中をことごとく油絵の具で塗りつぶしていく。そこに完結したリアリティがあると考えられていた。

［　　］、東洋や日本の絵画、とくに水墨画など、多くは、余白というものをきわめて大切にする。

余白というと聞こえはいいが、つまりは何も描いてないわけだ。西欧画なら未完成品である。さらに書道でも、やはり書かれざる空間、余白をひじょうに重視する。いったい「余白」や「余」とは何か。これもやはり、一つの「間」であろう。

一つの演奏、一つの動作の表現が終わった後で、名残（なご）りおしい情緒が、さらによりいっそう深まってくるということがある。そんなときに、「余」の字をあてて「余情」という。

何もない余白にこそ、書かれざる無限の想いをこめた画面がある。そのためには、生地、素材を大事にする。なぜ

〔宮崎—改〕

ならば、素材には、自然そのものが残されているからだ。つまり人間が加工するよりも、そのまま残しておくほうが、天然自然と相通じる無限の可能性を持っているわけである。キャンバス*が白だと、どのようにでも想像力で可能性を膨らませることができる。一度人間が描くことによってそれを埋め尽くしたら、もうそれでおしまいだ。日本人の美意識は、絵や書の書かれていないところに残された、限りない可能性を予感する。

人間がやるべきことは、ほんのわずかなきっかけをつくって、それを暗示しさえすればいい。いや、人間にはそれしかできない。それが間の充実ということになるわけである。

このように、音楽においては時間的な「間」、絵画においては空間的な「間」というものを用いるのは、ひたすら人間の力を超えたものに到達したい、そこにこそ本当のもの、真実があるはずだという意識があるからだ。それが、日本の文化を貫いているのである。

（栗田勇（くりたいさむ）「日本文化のキーワード」）

＊幾何学的＝法則や一定のパターンに従っている様子。
＊パラドクシカル＝一見真理ではないことを述べているようで、よく考えると真理を述べている説のようであること。
＊タブロー＝完全に仕上げられた絵画作品。
＊キャンバス＝油絵を描くための画布。

---

(1) □に入る言葉として最も適切なものを次から選び、記号で答えなさい。（10点）　［　　］

ア むしろ　イ しかし　ウ また　エ すなわち

(2) ――線部のように筆者が考える理由として最も適切なものを次から選び、記号で答えなさい。（10点）　［　　］

ア 西洋の音楽は理性で秩序に従って作られるのに、音楽を感覚的に作っているから。

イ 西洋の音楽は純粋な構築物だと言われているのに、音に形がないと認めているから。

ウ 西洋の音楽は神が作り出すものなのに、人間が音楽を作っていると考えているから。

エ 西洋の音楽は法則どおり音で構築されるのに、音のない部分で音楽を感じているから。

(3) 本文中で述べられた日本人の美意識について、日本人と自然との関わり方がわかるようにして、四十字以内で説明しなさい。（30点）

2 次の文章を読んで、あとの問いに答えなさい。

（長野―改）

〈ヒロシの小学校では新入生歓迎のポスターに使う〈きれいな空の絵〉を募集している。絵の好きなヒロシは一番好きなくもり空を何日もかけて描き、応募のため先生に提出したが、先生はこれではポスターに選ばれないと言う。〉

みんなはこの絵を選ばない――。

くもった空をきれいだとは思わない――。

ほんと――？

先生は画用紙の裏にスタンプをおした。

「とりあえず、これで受け付けにするけど、もしヒロシくんがやっぱり描き直したいと思ったら、いつでも遠慮なく言ってね。提出期限まであと一週間あるんだから」

ヒロシは黙って、首を小さく前に倒した。うなずいたのか、うなだれたのか、自分でもよくわからなかった。

次の日から、ヒロシは一日に何度も空を見上げた。

晴れた日もあった。くもりの日もあった。雨の日もあった。もうじき終わる冬の名残（なごり）で、雪が舞う日もあった。

〈中略〉

いろいろな空がある。どれも、きれいだった。

でも、やっぱり、一番きれいなのは――。

机の上に広げた真っ白な画用紙を、ヒロシはじっと見つめる。

学校の友だちに「一番きれいな空って、どんな空？」と聞いてみると、ほとんど全員、青空だと答えた。

同じ晴れでも、雲一つない快晴が好きな人もいれば、雲がちょっとあるほうがいいと言う人もいる。ただ、とにかく晴れた空は圧倒的な人気だった。

夕焼けの空と満天の星空を挙げた人も、少ないけれど何人かいた。でも、くもり空はゼロ。先生の言うとおりだった。

勝ち目がないのに、このままでいいんだろうか。みんなが「これにしよう」と言ってくれそうな絵を描いたほうがいいんじゃないか。ポスターに選ばれれば、先生は喜んでくれるはずだし、お父さんやお母さんもほめてくれるだろう。なにより、自分だってやっぱり、絶対に、うれしい。

どうしよう、どうしよう、どうしよう……。

①<u>机の上の画用紙は、まだ真っ白なままだった</u>。

二十点を超えた応募作品がキャスター付きの掲示板に貼られて、昼休みの渡り廊下に並んだ。

作品を応募した子を除く全校児童が、一人一枚ずつ桜の花のシールを持って絵を見て回り、「これがいい」と思う絵の回りに貼っていく仕組みだった。

昼休みが終わりかけた頃、「コンテストの結果が出ました」という校内放送があった。

「応募した皆さんは集合してください」

ヒロシは胸をドキドキさせて渡り廊下に向かった。

掲示板に近づくと、何十枚ものシールに囲まれた作品が目に入った。第一位になって、ポスターに使われることになった作品だ。空の色は――予想どおり、青。

第二位の作品も空の色は青だった。第三位も、第四位も……それより下の順位の絵も、すべて青空を描いていた。

くもり空の絵は、ヒロシの作品だけだった。

順位は最下位。

でも、絵の横に、シールが一枚貼ってあった。

いた。くもり空をきれいだと思う人が、ヒロシ以外にももう一人――たった一人でも、いた。

ヒロシは、しょんぼりと落ち込んでいるような、にんまりと笑っているような、フクザツな表情になった。最下位に終わった悔しさと、シールがゼロではなかったうれしさが胸の中で入り交じる。

でも、たとえゼロだったとしても――。

絵を描き直さなくてよかった。

うん、やっぱり、絶対に、よかった。

そうだよな、と心のなかでつぶやいて、自分が一番きれいだと信じている絵を、あらためて見つめた。
②細かく描き分けた灰色の空の隣で、ピンク色の桜の花がちょっとだけ遠慮がちに、春の訪れを告げていた。

（オスカー・ブルニフィエ「こども哲学　美と芸術って、なに？」所収　重松清（しげまつきよし）「おまけの話」）

---

(1) ――線部①が表す「ヒロシ」の気持ちを次のようにまとめた。A・Bに入る言葉を、Aは本文中から十六字で抜き出し、Bはあとから選び、記号で答えなさい。（10点×2）

> 勝ち目がないのに、ポスターに選ばれるような絵に描き直した方がいいのか、Aのままの方がいいのかB気持ちを表している。

ア いら立つ　**イ** 迷う
ウ あきらめる　**エ** 責める

A［　　　　　　　　］
B［　　］

(2) ――線部②で「ピンク色の桜の花」が「春の訪れを告げていた」とあるが、この表現には「ヒロシ」のどのような気持ちが反映されているか。「自分の感じ方」という言葉を使い、四十五字以上五十五字以内で答えなさい。（30点）

［　　　　　　　　］

試験における実戦的な攻略ポイント５つ

①問題文をよく読もう！

問題文をよく読み，意味の取り違えや読み間違いがないように注意しよう。
選択肢問題や計算問題，記述式問題など，解答の仕方もあわせて確認しよう。

②解ける問題を確実に得点に結びつけよう！

解ける問題は必ずある。試験が始まったらまず問題全体に目を通し，自分の解けそうな問題から手をつけるようにしよう。
くれぐれも簡単な問題をやり残ししないように。

③答えは丁寧な字ではっきり書こう！

答えは，誰が読んでもわかる字で，はっきりと丁寧に書こう。
せっかく解けた問題が誤りと判定されることのないように注意しよう。

④時間配分に注意しよう！

手が止まってしまった場合，あらかじめどのくらい時間をかけるべきかを決めておこう。

解けない問題にこだわりすぎて時間が足りなくなってしまわないように。

⑤答案は必ず見直そう！

できたと思った問題でも，誤字脱字，計算間違いなどをしているかもしれない。ケアレスミスで失点しないためにも，必ず見直しをしよう。

受験日の前日と当日の心がまえ

前日

- 前日まで根を詰めて勉強することは避け，暗記したものを確認する程度にとどめておこう。
- 夕食の前には，試験に必要なものをカバンに入れ，準備を終わらせておこう。
  また，試験会場への行き方なども，前日のうちに確認しておこう。
- 夜は早めに寝るようにし，十分な睡眠をとるようにしよう。もし翌日の試験のことで緊張して眠れなくても，遅くまでスマートフォンなどを見ず，目を閉じて心身を休めることに努めよう。

当日

- 朝食はいつも通りにとり，食べ過ぎないように注意しよう。
- 再度持ち物を確認し，時間にゆとりをもって試験会場へ向かおう。
- 試験会場に着いたら早めに教室に行き，自分の席を確認しよう。また，トイレの場所も確認しておこう。
- 試験開始が近づき緊張してきたときなどは，目を閉じ，ゆっくり深呼吸しよう。

人物・場面をとらえよう

▼4～5ページ

例題

(1) 例 雨鱒はじっとして動かず、大きな眼で心平をみていた(二十四字)

(2) **ウ**

▼6～7ページ

入試実戦テスト

1

(1) **エ**

(2) 例 食べてみるとおいしく、祖父たちはもう一匹食べられていいな(二十八字)

(3) **ア**

入試実戦テストの解説

• 場面の説明

「私」は子どものころ、父や妹と一緒に釣ってきた魚が食卓に上ったことに衝撃を受けたことがある。魚をかわいそうだと思ったがおいしく食べてしまい、「私」はうしろめたさを感じた。そしてその後も、魚をまえにすると身が引き締まる気持ちになるのであった。

1

(1)「いっそう悲しくなった」のは、「(魚の天ぷらを食べたくなくて『私』がべそをかいていた)そのあいだに妹は天ぷらを頭からばりばりたいらげて」いたから。「頭からばりばりたいらげる」は何の感傷もなく全部食べる様子を表している。「私」は魚の死に感傷を抱いていたが、一緒に魚を釣った妹にそんな感傷はない。そのことがいっそう「私」を悲しくさせたのである。従って、魚に対する思いの有無という姉妹の違いをおさえている**エ**が正解となる。**ア**は「バチが当たってしまう」とあるが、「バチが当たる」と祖父が言ったのは――線部①よりあとのことなので、この時点での「私」にはバチが当たるという認識はない。よって、**ア**は不適切。――線部①の時点の「私」は「魚の天ぷら」を「食べよう」とは思っていなかったので**イ**も不適切。「私」が自分の「幼さ」を感じている描写は本文中にないので**ウ**も不適切である。

(2)「現金な」とは「自分の利害によって態度を簡単に変える様子」。□には、「現金な」の意味が出るように、「食べたらおいしく」などの形で態度の変化のきっかけを入れる。また、「とすら思っ

ひっぱると、はずして使えます。

た」に続くように、変化後の思いである「おじいちゃん（祖父）たちはもう一匹食べられていいな」という内容を入れる。

(3)釣りの場面と、魚を食べる場面の妹の描写をおさえる。妹は、「むんずと」ミミズをつかんだり、「眼光鋭く」川面をにらんだり、釣った魚の天ぷらを「頭からばりばり」食べたりしている。これらの描写からは、妹がおじけづかない強い性格であることが感じられる。それに合うのは**ア**だけ。他からは性格の強さが感じられない。

解法のカギ

場面の様子は**「時（いつ）」「場所（どこで）」「登場人物（誰が）」「出来事（どうした）」**に注意し、人物の行動や人物どうしのやり取りをおさえて、その場で起きる出来事をつかむ。場面ごとの様子をおさえていけば、全体の展開も正しく読み取れる。人物像は、その人物に関することがわかる部分をすべて拾い出した上で、総合的に判断する。

第2日 話題をつかもう

例題 ▼8～9ページ

(1) **紙の上に蟻**
(2) **科学文明が**
(3) **ウ**
(4) **イ**

▼10～11ページ

入試実戦テスト

1 (1) **ある人が**
(2) a **客観的**
b **前向きのエネルギー**
(3) **ウ**

入試実戦テストの解説

・本文の内容

人間にとって、「笑い」とは何であるのかを考察した文章。自分自身をメタ認知することで、苦しいことも「笑い」に変えることができ、どんなに悪いことがあっても、「笑い」によって前向きに生きていくことができるということが述べられている。

1

(1)第四段落では、「笑いのためには、時には身を捨てることも必要である」ということを主張しており、「自分の欠点を懸命に隠そうとする」ことが、主張と対照的な事例である。
(2)直前に書かれている内容をまとめた文である。「メタ認知」を説明するために第四段落の「客観的」という言葉を使う。
(3)「自分自身をメタ認知して、苦しいことを笑いに転化する」という筆者の主張と一致していないものを選ぶ。

第3日

心情をとらえよう ①

例題 ▼12〜13ページ

(1) **ア**
(2) 例 **父親をこれ以上困らせたくないという気持ち。**（二十一字）
(3) a **いつも〜ている**
b **いいと〜られた**

▼14〜15ページ

入試実戦テスト

1 (1) **イ**
(2) a 例 **大げさである**（六字）
b **エ**
(3) a **みじめな気持ち**
b 例 **努力するしかないと感じた**（十二字）

入試実戦テストの解説

・場面の説明

自分のミスが原因で野球の試合に負けて落ち込む茂之が、テレビを見ようとしたとき、母親におつかいを頼まれる。むしゃくしゃしながら家の外に出ると、友達の明也が一人で投球練習をしているのを見かけた。

明也との会話や彼が努力する姿を見たことから、自分も練習しようという前向きな気持ちになる場面である。

1

(1)茂之が「どうしてぼくなのさ」と不満を抱いたり、「ものもいわずに家を飛び出した」りしていることに着目する。

(2)明也は一人で壁に向かって投球練習をしているだけなのに、茂之から「秘密練習かよ」と言われたことをおさえる。ここから明也は茂之の大げさな表現を照れくさく思って、「肩をすくめた」のだとわかる。

(3) a は、前書きやおつかいに行く前の場面から、茂之が自分は何をやってもだめだと落ち込んでいることに着目する。 b は、茂之が明也のどのような姿を見て「ぼくもやらなくちゃ」と思ったのかを考えるとわかる。

解法のカギ

登場人物の行動は、その心情をよく表している。**何をしたかということだけでなく、なぜそのような行動をとったのかということまでしっかり読み取ろう。**また、**行動や表情から心情を読み取る**以外に、**周りの情景の描写から人物の心情が読み取れる**こともあるので、覚えておこう。

第4日 心情をとらえよう②

例題 ▼16〜17ページ

(1) 例 心配で目が離せない(九字)

(2) a 遠慮

b 例 もう隠さなくてよいのでうれしい(十五字)

入試実戦テスト ▼18〜19ページ

1 (1) ア

(2) イ

(3) 例 せっかく来てくれた少年と二人で遊ばなかったことが、後ろめたかったから。(三十五字)

入試実戦テストの解説

場面の説明

転校していった親友との友情は変わらず続いていると思っていたが、会いに行くと、相手には新しい環境での居場所ができていた。少年は心の隔たりを感じ傷つくが、親友のグローブを見て、相手の友情が消えてしまったわけではないと感じる。

1 (1) □ のあとに「みんなで顔を見合わせて笑った」とあり、次の段落の最後にも「笑ったり小突き合ったりしている」とある。

これらから、三上くんが転校先の友だちとうまくやっていることがうかがえるので、**ア**が正解である。

(2)すぐあとで、少年は「来るんじゃなかった」と後悔している。来たことを後悔する理由を正しくおさえているものを選ぶ。三上くんと以前のように二人で親しく遊ぼうと思っていたのに、三上くんは二人きりの時間を取ってくれず、転校先の友だちとの都合を優先させる。第二段落の「みんなは少年を放っておいて、少年の知らない話ばかりして」からは、**イ**にあるような少年の孤立感が読み取れる。また、「俺ら九人いるから……トシ、ピンチヒッターでいい?」も、少年を仲間と見ず、軽く扱う発言で、**イ**の「孤立」や、「ぞんざいに扱われ」に結びつく。

(3)全力疾走してきた三上くんは「悪い悪い、ごめんなあ」と謝り、「トシのこと忘れてたわけじゃないんだけど」と言い訳している。ここから、少年を放っておいた後ろめたさが読み取れる。すぐ前の「せっかく来てくれたんだし」からも、わざわざ来てくれた少年と、少しの間だけでも二人で遊ばなければ申し訳ないという気持ちが読み取れる。

解法のカギ

話し手の心情は、その人物が別の箇所で話したことや、その場面に至るまでの状況を手がかりにしてつかむ。登場人物の心情は、場面の内容を正確に読み取り、その登場人物の立場になって、他の人物の態度や言葉、あるいは起きた出来事によってどんな心情が芽生えるかを考えて読み取る。

第5日

指示語・接続語の働きを知ろう

例題 ▼20〜21ページ

(1) **エ**

(2) **重りを切るもの**

(3) **同じ種類の花は同じ時期に開いていなければならない(二十四字)**

(4) **イ**

入試実戦テスト ▼22〜23ページ

1

(1) **イ**

(2) **ア**

(3) **ウ**

(4) **科学の内容〜できる知力**

入試実戦テストの解説

・本文の内容

科学への「不信」や未来への「不安」を解消するためには、どうしたらよいか、というテーマにもとづいて書かれた論説文。なぜ科学を専門家にまかせるといけないのか、過去の事例をあげて説明している。

1

(1)前に述べた「科学をもっと身近にすること」を、「私たちが現在抱えている……順序立てて考えること」だ、と言い換えていることに着目する。

(2)直前の「このような」が指す内容をおさえる。ここから、「研究に熱中してしまいがち」な科学者に「ブレーキをかける」のが市民の役割だとわかる。

(3)――線部②の「この問題」が指す内容は、4段落の「では、私たちは……達成すべきなのでしょうか。」という二つの問いかけだとわかる。これと一致するものを選ぶ。

(4)5段落の「何ができ……慎重に検討し」と同じ内容を、「知力・知恵」などの言葉を手がかりに探そう。

第6日 文脈をとらえよう

▼24～25ページ

例題

(1) **美**

(2) **より複雑で洗練された歌やダンス**

(3) **ア**

▼26～27ページ

入試実戦テスト

1

(1) **ア**

(2) **ウ**

(3) **イ**

(4) **エ**

(5) **イ**

入試実戦テストの解説

・本文の内容

小さなレストランで出された箸の話から、箸の機能や、箸の持ち方がその人の状態や心情を表していることについて述べた随筆。

1

(1)箸の機能の多様性を発揮できるのは、「箸を指で使う人間しだい」と述べている。「箸の暗黙の要求」というのは、この機能を人間に使いこなしてほしいという要求である。

(2)直後の「多くのこと」には、すぐあとの文に書かれている「箸も持てなく」なるような病気や老い、また、「気持ちが緩んだり、屈したりしているような」状態も含まれる。つまり、箸が上手に使えるかは、手先の箸使いのうまさだけではないということ。
(3)直前の老人の「さま」を表す。
(5)この文章は、箸の機能のすばらしさと、それを使う人間について述べたものである。第一段落から**ア**は不適切。第三段落から**ウ**・**エ**は不適切。第二段落から**イ**が正解となる。

第7日

表現の工夫を味わおう

▼28〜29ページ

例題

(1) **ア**
(2) **エ**
(3) 例 **さんしょうの愛くるしい花(十二字)**
(4) a **イ**
　b **カ**

▼30〜31ページ

入試実戦テスト

1
(1) **A**
(2) **エ**
(3) **ア**
(4) a **イ**
　b **緊張**

入試実戦テストの解説

・本文の内容

客をよく迎える家で育った筆者は、幼い頃から、客をもてなす準備の最後のお膳立ては子どもの仕事だと教えられた。そのことを嫌だと思いながらも、お膳立てを終え、ちょうどいいタイミングでチャイムが鳴るのは、わくわくする瞬間だったという。

1 (1)第二段落の冒頭「この季節になるといつも、高校時代に住んでいた郊外の家を思い出す。」の一文に着目する。ここから「わたし」の高校時代の回想が始まるので、〜〜線部Aの「わたし」は過去を回想する現在の「わたし」であることがわかる。よってAが正解。
(2)直後の「わたしは知らぬフリをして自室で本を読み続ける」から考える。
(3)——線部①の前後の内容から読み取る。
(4)人でないものを人に見立てる表現が何であるか考える。また、「背筋を伸ばす」とは、気力を持ち、緊張感を高めるという意味である。

解法のカギ

表現技法には、次のようなものがある。
・**比喩**…ものをたとえて印象を強める表現。
①**直喩（明喩）**…「まるで」「ようだ」などを用いてたとえる。
②**隠喩（暗喩）**…「まるで」「ようだ」などを用いずにたとえる。
③**擬人法**…人でないものを人にたとえて表現する。
・**擬声語**…声や音に似せた言葉。
例 雨がザアザア降る。
・**擬態語**…態度や状態に似せた言葉。
例 窓をぴかぴかに磨く。
・**倒置法**…言葉の順序を逆にして、意味を強める。
・**体言止め**…文末を名詞で止めて、余情を残す。

第8日

文章の構成をつかもう

例題 ▼32〜33ページ
(1) **イ**
(2) はじめ **文学や哲学** 終わり **の積み重ね**
(3) 二つ目 **大切なのは** 三つ目 **一冊の本を**

入試実戦テスト ▼34〜35ページ
1 (1) 例 **頭がのの字のようにまがっているところ。（十九字）**
(2) **ウ** (3) **ウ** (4) **ア**

入試実戦テストの解説

・**本文の内容**
鍛冶屋である岩崎さんの仕事場で見せられた、和釘に凝らされた木を生かすための、昔の鍛冶屋の工夫を目の当たりにした筆者が、真の技術とはどういうものかを論じた文章。

1 (1)2段落に「この釘」の様子が書かれている。
(2)Aは、わからない**が**作るしかないということで逆接。
Bは、「作って」→「打ってみよう」で順接。
(3)鍛冶屋の「技術」が、作った釘が木に優しいものになるような

「木の文化」であることから考える。自分たちを取り巻くものに応じて工夫された技術なのである。

(4) 5段落までは、岩崎さんの言葉を中心に書かれているが、6段落で、その意見を、自分なりに解釈しながら述べている。

解法のカギ

文章の構成は、次のような順序でとらえる。
①形式段落ごとの要点をまとめる。
②各段落どうしの関係を考える（指示語・接続語に注意）。
③意味段落にまとめる。
④各意味段落の役割を考える（序論・本論・結論）。
⑤文章構成の型にあてはめてみる。

第9日

詩の情景をとらえよう

▼36〜37ページ

例題

(1) 白い火を噴き／すさまじい音を発する。
(2) きこえない
(3) ウ
(4) ウ

▼38〜39ページ

入試実戦テスト

1 (1) エ　(2) ア　(3) エ　(4) イ

2 (1) イ
(2) 風 例 繰り返し吹いている。
土筆 例 風にゆれている。
(3) a (お)習字
b なすって(います)

入試実戦テストの解説

・詩の情景

1 青春の橋を渡ろうとする少女に、もういくつかの橋を渡り終えた作者が、自分が経験したそのときの気持ちを伝えながら、見守るように声をかけている。

2 「つくし」は漢字で「土筆」と書くことから、作者は「土筆」が光の墨で字を書いているところを想像している。

1 (1)現代で使われている言葉が使われている。一定の音数で作られてはいない。
(2)少女に話しかけるようにやさしいわかりやすい言葉でつくられている。しかし、そこには、作者の経験からくる深い意味が込められていることに注意する。
(3)「青春の橋」とあることに着目する。青春の橋を渡る前は子どもであり、渡ったあとは大人になる。
(4)自分も渡ってきた橋であり、だれもが渡る橋なのである。急いで渡ろうとしても、作者はそれをとめてはいないし、少女が渡ることについて批判的なことは言っていない。

2 (1)「光をたっぷりふくませて／光を春になすっています」と書かれているのは、作者が「つくし」を漢字に表されているとおり「土から生えた筆」として見ているからである。
(2)風が「お習字が好き?／お習字が好き?」と繰り返し聞いているのは、風が吹いて「つくし」をゆらゆらとゆれさせていることを表現している。また、「つくし」が「はい　いいえ」と繰り返し答えているのも、「つくし」が風にゆれている様子を表している。
(3)a「つくし」が「筆」で、「光」が「墨」である。
b「つくし」が習字をしているときの動作を表す言葉を抜き出す。

解法のカギ

1 作者の少女に対する気持ちを正しく読み取る。

2 つくしと風と光のある春の日の情景を想像する。そして、つくしが筆になってお習字をしているととらえた作者の心情を想像しよう。

第10日

短歌・俳句を鑑賞しよう

▼40～41ページ

例題

1 (1) c
(2) b
(3) 今年ばかりの

2 (1) a ①枯野 ②冬
b ①すすき ②秋
c ①名月 ②秋
d ①大根 ②冬
(2) ウ
(3) ①b ②d

▼42～43ページ

入試実戦テスト

1 (1) ア
(2) A イ　B エ
(3) 人間に迫ってくる恐ろしさ

2 (1) B
(2) A
(3) ①しらしらと氷かがやき
②わがこころ燃ゆ

入試実戦テストの解説

1 (1)「のしかかってくる圧倒的な山塊の肉薄」を「冬山の倒れかかる」とたとえているのである。

(2) [A]は、直後の「自然も……新しい季節を迎えるのを喜ぶ」に着目する。[B]は、直後の「若者が元気いっぱい山を楽しむ」に着目する。

(3)冬山について述べた段落から、字数をヒントに探そう。

2 (1)直喩とは、「ようだ」「みたいだ」「ごとし」などを用いたたとえ。Bの短歌の「浮環のごとき月」が直喩表現。「浮環のような月」という意味で、「月」を「浮環」にたとえている。

(2)「強風」とあるので風が詠まれているものを探すと、Aに「春のあらし」、Cに「南風」がある。このうち、Aは「ふき寄する」という表現によって、読み手の視線が「海のはて」という「遠景」から一気に手前へ移動する。「音ぞとよもす」という結びも「激しい響き」という表現に合っているので、Aが正解。

(3)第一段落に「月」とあるので、この段落はBかDの鑑賞文と考えられるが、Bには「自然の厳しさ」が感じられない。Dには「氷」「冬」とあるので、この段落はDの鑑賞文だと判断できる。従って[I]には、「視覚」でとらえた「風景」として、白く明るく氷がかがやく情景を表すはじめの十字が合う。「聴覚で感じ取った」のは「千鳥なく」の部分である。第二段落には、「新たな季節の訪れを実感」「潮風」とある。これに合うのは「夏はきぬ(夏が来た)」と言い切り、「潮風」に結び付く「海の南風」を詠んだCの短歌である。[II]に入る言葉としては、「前の句と対応」し、「心情の高まりを率直に表現」した七字を探す。Cの短歌で語句の対応が見られるのは四句目「わが瞳燃ゆ」と五句目「わがこころ燃ゆ」なので、五句目を答える。

解法のカギ

1 俳句の季語は**旧暦にもとづいているため、現代の季節感とずれているように感じられるものもある。**歳時記などを見て、主な季語の季節を確認しておこう。

2 短歌は言葉一つ一つの意味をつかみ、表現に従って情景を正しく思い描き、そこに込められた作者の心情を考える。鑑賞文は、文章内容と短歌の表現を対応させながら読む。

総仕上げテスト

▼44〜47ページ

1 (1) **イ**　(2) **エ**

(3) [例] **人間が加工しない自然の部分に、人間の力を超えたものに到達する可能性を感じること。（四十字）**

2 (1) A **自分が一番きれいだと信じている絵**

B **イ**

(2) [例] **くもり空をきれいだと思う人が自分以外にもいたことをうれしく思い、自分の感じ方を大切にしたことに満足する気持ち。（五十五字）**

解説

1 (1) [　]の前には「西洋の絵」は「額の中をことごとく……塗りつぶしていく」、[　]のあとには「東洋や日本の絵画」は「余白というものを……大切にする」とあり、前後が反対の内容になっている関係なので、逆接の「しかし」が合う。

(2) **ア・イ**も前半の西洋音楽の説明は第二段落の内容に沿うが、後半部分で、音のないところに真の宇宙の音楽が鳴りひびくというジョン・ケージの本の内容をおさえているのは、**エ**だけである。

(3) 「日本人の美意識」や「日本人と自然との関わり方」について触れられているのは第九・十段落である。まず「日本人の美意識は」で始まる第十段落の最後の一文に着目する。この文から「（日本人の美意識とは、）『書かれていないところ』に『限りない可能性を予感する』＋『こと。』」の形で答えの土台がおさえられる。しかしこれだけでは「日本人と自然との関わり方」がわからないので、本文中の他の部分を使って説明する。「自然」という語がある第九段落に注目すると、「書かれていないところ」とは、「人間が加工」しないで残した「自然」の部分である、ととらえられる。その部分に残された「限りない可能性」（第十段落）＝「無限の可能性」（第九段落）を感じるのが日本人の美意識なのだが、どうなる可能性なのかも説明する。「日本の文化」とある最終段落に注目すると「ひたすら人間の力を超えたものに到達したい、そこにこそ本当のもの、真実があるはずだという意識」とある。これは日本人の「意識」である。つまり、日本人の美意識は「間」（＝「書かれていないところ」＝「人間が加工しない自然の部分」）に、「人間の力を超えたものに到達」する「可能性」を感じることである。

2 (1) 「机の上の画用紙」は、別の空の絵を描くために広げたもの。先生に「描き直したいと思ったら、……」と言われたので広げたのである。それが「真っ白なまま」なのだから、ヒロシは別の絵を描いていない。その理由を、すぐ前の段落から読み取る。空欄のある文はこの段落に沿って作成されている。すぐ前の段落には「勝ち目がないのに、このままでいいんだろうか」とある。「このまま」とは、自分が気に入っているくもり空の絵のままということ。従って[A]には、この「くもり空の絵」を指す十六字の部分を本文中から探して抜き出す。[B]については、最後から二つ目の段落にヒロシは「勝ち目がないのに、このままでいいんだろうか」「みんなが『これにしよう』と言ってくれそうな絵を描いたほうがいいんじゃないか」「どうしよう、どうしよう、どうしよう……」と迷うばかりで、別の絵に着手できずにいたので、答えは**イ**。

(2)「ピンク色の桜の花」のシールは、「くもり空をきれいだと思う人」が自分以外にもいたことを示す。ヒロシが友だちに一番きれいな空はどんな空かと聞いたとき、「くもり空」はゼロだった。くもり空が一番きれいだと思うヒロシは、「自分の感じ方」が周りと違うことで悩みながらも、結局は周りに合わせた絵を描かなかった。しかし、「くもり空をきれいだと思う人」もいたのである。ヒロシはそこにうれしさを感じている。「春の訪れを告げていた」は、物事の好転を暗示する表現で、五行前の「絵を描き直さなくてよかった」という思いと結び付いている。描き直さないことで最下位になったことによる暗い気持ちが、一枚の桜のシールによって、明るい方向に変わったのである。答えは、「くもり空をきれいだと思う人が自分以外にもいたことをうれしく思った」ことと、「『自分の感じ方』を大切にしてよかった」という気持ちの二点をおさえ、四十五字以上五十五字以内になるよう整える。

メモ